JN318288

アリストテレス「哲学のすすめ」

廣川洋一 訳・解説

講談社学術文庫

目次

凡例

一　翻訳の底本としてデ・プラースの校本（É. Des Places, *Jamblique: Protreptique*, 1989, pp.67-90）を用い、これと異なる原文の読みを採用して訳した箇所は、そのつど注記した。

二　アリストテレスの原文に付加されたイアンブリコスによる付加文は容易に区別されるように〔　〕で囲んで示した。また、各章の冒頭と末尾に置かれた文をそれぞれ［前言］［後言］とし、章の中に置かれたものを「つなぎ」とし、複数あるものについては［つなぎ（1）］、［つなぎ（2）］の如くした。

三　章分けはイアンブリコスによるものであるが、原文のアリストテレス引用部分は第六章から第十二章まであり、ここではそれを第一章から第七章と読み替え、（　）内に原文の章をローマ数字で記した。

例・第三章（Ⅷ）

四　原文との参照をいくぶんでも容易にするために、原著にある段落のほか、いくつかの区切りを設け、それぞれ文末に底本の頁と行数を記した。

例・第一章（Ⅵ）冒頭文「われわれの生活を支えてくれるもの……哲学すべきである」（67.23-68.3）

これは本訳書の底本の六七頁第二三行目から六八頁第三行目までを示す。

五 訳注は各章末にまとめた。イアンブリコスによる付加・挿入文の注は校訂注とし、まとめて付した。なお、章末の注の〈 〉は注解者による補足、［ ］は削除を示す。

六 （ ）は原文にあるもの、［ ］は訳者による補足を示す。

七 ギリシア語の片かな表記は、Φ・Χ・ΘとΠ・Κ・Τとを同じように「プ」「ク」「ト」とし、母音の長短は普通名詞においてのみ区別し、固有名詞については区別しない。

対照表

アリストテレス『哲学のすすめ』を参照するさいの便宜として、重要資料、Rose, Ross (Walzer), Düring, Gigon, Pistelli, Des Places をあげ、相互の対照箇所を示した。なお Düring の［　］は、アリストテレスの原文ではなく、イアンブリコスによる付加文を示す。右端の数字はイアンブリコス『哲学のすすめ』の章ナンバーを示す。

Rose	Ross(W)	Düring	Gigon	Pistelli	Des Places	ch.
		[B7]	73.11	36.27-37.2	67.20-23	6
	4(4)	[B8]-B9	73.12-13	37.2-22	67.20-68.21	6
52	5(5)	[B31]-B40, B53-B57	73.14-26	37.22-41.5	68.21-71.12	6
	6(6)	[B41], B59-B70	73.27-34	41.15-43.25	71.13-74.7	7
	7(7)	B72-B77	73.35-38	43.25-45.3	74.7-75.13	7
55	9(9)	B97-B103	73.39-43	45.4-47.4	75.14-77.11	8
59	10a(10a)	B104-B105	73.44-45	47.5-21	77.12-27	8
60	10b(10b)	B10 6-B107	73.46	47.21-48.9	77.27-78.11	8
61	10c(10c)	B108-B110	73.47	48.9-21	78.12-79.6	8

B110(48.16-21) の内、48.17 を［　］とする。

11(11)	[B10]-B21	73.50-60	49.3-52.16	79.7-82.20	9
12(12)	B42-[B45]	73.61-64	52.16-54.5	82.20-84.6	9
13(13)	B46-B51	73.66-70	54.10-56.12	84.7-86.9	10
14(14)	B78-[B92]	73.71-81	56.13-59.18	86.10-89.6	11
15(15)	B93-B96	73.82-84	59.19-60.15	89.7-90.15	12

アリストテレス「哲学のすすめ」

はじめに――テクストについて

アリストテレスの著作は、一般に大きく二つに分けられ、一つは、『アリストテレス著作集（Corpus Aristotelicum）』として今日に伝わる学術的な論文、講義草稿からなるもの、もう一つは「公開的著作（exōterikoi logoi）」と呼ばれる一般向きに書かれ、なんらかの形で公刊されたものである。

後者はしかし完全な姿で今日まで伝わるものはなく、すべて断片として残されているにすぎない。これに属するものとして、十九篇の題名が伝えられているが、これらのうち断片資料が比較的多く、その内容があるていど推測でき、哲学的にも重要とみられるものとして『エウデモスあるいは魂について』『哲学について』そして『哲学のすすめ』の三篇がとりわけ重んじられている（ただし、『哲学のすすめ』については、以下に述べるようにイアンブリコスによって保存された資料が加わることでその原資料は飛躍的に増加し、復元に近い状態になっているとさえみられている）。

古代世界においては、アリストテレスの場合、彼の作品中『哲学のすすめ』がおそらく最もよく知られたものであったようである。このことについて、古い伝えが残されている。キュニコス派の哲学者クラテスが靴屋の店先に座って、アリストテレスの『哲学のすすめ』を大声で読み上げていた。クラテスがそれを読み続けていると、靴屋は針仕事をしながら、それに身を入れていた、というのである（Stob.4.32.21＝Ross1（W1））。

このことを話したのは、後にストア派の開祖となるゼノン（前三三五年〜前二六三年）であるが、彼は前三一三年、アテナイに移り住み、クラテスに師事した人物である。この話はおそらく彼がアテナイに来てまもない頃のことであったと思われる。アリストテレスの『哲学のすすめ』は前四世紀後半には広く知られていたのである。

この書物は広くそして永く読み継がれたようで、キケロ（前一〇六年〜前四三年）もこの『哲学のすすめ』に範をとって、あるいはむしろ『哲学のすすめ』を意訳するとでもいってよい形で『ホルテンシウス』という作品を書いた（現存せず断片としてのみ伝わる）。キケロ自身と友人で高名な弁論家であったホルテンシウスが主要人物として登場する対話という形で書かれた哲学のすすめである。

キケロの『ホルテンシウス』は他の作家たちの引用断片として伝わるのみで（ただしその主なものはアウグスティヌスの著作の内にある）詳しいことは不明だが、しかしこの書物もまた広く読まれ、与えた影響もけっして小さなものではなかった。その中でも、とりわけ忘れることのできないのは、西欧キリスト教会最大の教父と称され、中世哲学の進展に決定的な影響を与えたアウグスティヌス（三五四年～四三〇年）に与えたそれであろう。

生地北アフリカのタガステで初等・中等教育を終えた彼はカルタゴに遊学し、世間での成功を願う青年たち同様に、弁論術や法律を学んでいた。大弁論家キケロの書物が読まれたのは当然のことである。だが彼は言う。「この人の舌にはみな驚嘆するが、精神にまではそうはいきません」（『告白』3.4.7-8）。しかし哲学のすすめを内容とする『ホルテンシウス』を読んだ時、彼の気持ちは一変した。『ホルテンシウス』に、十九歳のアウグスティヌスは深い感銘を受け、この時以来、彼は「知恵を愛し求める生（哲学の生）」に強く惹かれていく。『告白』の中でつぎのように思いを語る。

その書物は私の心持ちをすっかり変えてしまい、主よ、私の祈念をあなたに向け変え、私の願いと欲求をまったく別のものに変えてしまいました。突然私の全ての虚しい希望は萎えてしまい、信じがたいほどの心の燃え上がりを覚えながら知恵の不滅さを得ようと望みました。そしてあなたのもとへと帰還しようと立ち上がり始めました。……どれほど私は燃え立ったことでしょう、私の神よ、地上的なものからあなたのもとへ舞い戻ろうとどれほど私は燃え立ったことでしょう。……私があなたのもとに舞い戻ろうと燃え立ったのは、あなたのもとにこそ知恵は存するからである。ギリシア語の哲学という言葉は知恵への愛を意味しています。この知恵への愛としての哲学へのこの書物は私を燃え上がらせたのです。(片柳栄一訳『告白』3.4.7-8)

彼の『ホルテンシウス』への思いは初期の『幸福な生』や自省録『告白』だけにみられるものではなく、晩年の『三位一体論』でも数回その名があげられ、彼の「ホルテンシウス体験」は終生変わることがなかったのである。これまで私たちの目にキケロの名だけが際立ってきたが、アウグスティヌスは、『ホルテンシウス』の内容がアリストテレスから借りられたものであることはよく承知していた。たとえば本書第三章(Ⅷ)の後半部の記述(78.1-11)とほとんど同内容の文章をアウグスティヌスが『ホルテンシウス』の名をあげて引用するある著作の中で、この文章を彼ははっきりと「アリストテレスが述べていること(illud quod est apud Aristotelem)」とことわっている（『ユリアヌス駁論』4.15.78）。

十九歳のアウグスティヌスはキケロを介して哲学のすすめに心が一変するほど深く感銘した。アリストテレス『哲学のすすめ』からおよそ七百年の歳月が流れていたのである。

新プラトン派の有力者の一人シリアのイアンブリコス（二四〇年頃〜三二五年頃）には多くの著作があるが、その一つ『ピュタゴラス派（の哲学）』は全十巻（九巻という説もある）から成り、そのうちの第一巻「ピュタゴラス伝」、第二巻「哲学のすすめ」、第三巻「数学の一般的諸原理について」、第四巻「ゲラサのニコマコスの『算術入門』注釈」が今日すべて現存し、他に自然学、倫理学、音楽、幾何学、天文学についての巻があったとされている。

イアンブリコス自身の手になる『哲学のすすめ（Protreptikos epi philosophian）』は、右の著書の第二巻として誕生している。全体で二十一章から成り、その内の序論部分と終末部分を除いて、第六章から第十二章までがアリストテレスの著作から、そして第十三章から第十九章までがプラトンの著作から抜粋引用された文章から構成されている。著作の大部分がプラトン、アリストテレスからの引用で成り立っていることになるが、彼の他の著作もまた同様にイアンブリコス自身の手になる独創的部分はきわめて少なく、プラトン、アリストテレスからの「つぎはぎ」部分が中核をなしていることが知られている（ただしイアンブリコス自身のために弁明するなら、貢献度の高いものとしてはプラトン、アリストテレスの著作にかかわる注釈書があり、『ティマイオス注釈書』『カテゴリアイ注釈書』などは高く評価されている）。

イアンブリコス自身の『哲学のすすめ』の中核の一つ、プラトンからの引用部分（第十三章〜第十九章）は、たとえば第十三章はすべて『パイドン』から、第十四章はすべて『テアイテトス』からの抜粋引用から構成されている。周知のようにプラトンの著作はすべてほぼ完全な形で今日まで現存している。したがってイアンブリコスの引用がプラトン原著作に忠実な文字通りのものであるか、短縮省略されたものであるか、あるいは要約されたものであるかを判定することは十分可能である。

これに反してアリストテレスの場合、初期の「公開的著作」はごく一部の断片を除いて現存しない。このイアンブリコス『哲学のすすめ』のもう一つの中核部分をなす第六章から第十二章が主としてアリストテレスによる『哲学のすすめ』一著作から引用されたものであることは、一八六九年のI. Bywaterの論文以降、一部に批判的見解はみられたが、今日では研究者たちの間に広く確実に受け入れられている。失われたアリストテレスの『哲学のすすめ』はここにその全体像を十分窺うにたる姿をほぼ復元したといってよいであろう（アリストテレスの著作については、その元のギリシア語版の平均的「巻」は一行約三十六字の約七百五十一〜八百八行を含むものと一般的にみられている。ディオゲネス・ラエルティオスの、アリストテレス著作目録によれば『哲学のすすめ』は一巻から成るとされている。アリストテレスの『哲学のすすめ』についてみるなら、Des Places 本では一頁が一行平均約四十三字、同約二十七行から成り、全二十三頁分を合わせ、換算すれば、行数にして七百五十行ほどとなる。この点からみても、イアンブリコスによる付加部分を差し引くとしても、アリストテレスの『哲学のすすめ』はその大部分が残されたとみることができるだろう）。

さらに、それがどれほどアリストテレスの文章を正確に写しとっているかを推定させる根拠も、今日では明確にされている。原著作が今日まで現存するプラトンのものとイアンブリコスの引用文とを比較検討することで、イアンブリコスが引用にあたって原資料にきわめて忠実であること、またそこに一定の方法があること（著作全体を対話体から、講演・講義体へ変更する、さらにたんに抜粋引用するだけでなく、そこに自身による「まえがき（前言）」「つなぎ（の言葉）」「あとがき（後言）」を添えるなど）が判明し確認されている。したがって、この彼の引用にあたっての方法原則がアリストテレスの著作引用においても適用されているとみることは十分理にかなったことだと思われる。

ただ一つ気がかりなことは、アリストテレス『哲学のすすめ』の文学的形式が何であったか、という点である。端的に言って、それは、対話の形であったか、あるいは演説・講演の形であったか、ということである。

研究者たちの間でも古くから見解が分かれてきている。アリストテレス『哲学のすすめ』をモデルとしたキケロの『ホルテンシウス』も対話篇であったことを想えば、元の形が対話体であったとする想定も理に外れたことではないと思われる。この見方と並んで演説・講演体と見る見解も古くから存在した。勧告的・忠告的な書簡の形であったとする見方もここに加えることができるだろう（それがテミソンなる人物に向けた書簡体であったと主張する有力な学者たちの説も存在する。アリストテレスが所属していたアカデメイア学園と対抗関係にあった弁論家イソクラテスにも徳のすすめを説く書簡体の忠告的な作品があり、彼はこれを模して書いたとされている）。

しかしこの問題について、確かな証拠にもとづく解決はいまだなされていない。ここではそれを未決の問題として示すことにとどめておく。イアンブリコスがアリストテレス『哲学のすすめ』を引用するさい、原形が対話体であったならば、プラトン引用の場合と同じように演説・講演の形に変えたであろうし、それが演説体であったなら、ほぼそのままを取り入れることができ、両者いずれの形であっても、プラトンにみられる彼の方法から推定して、内容にとりわけ影響を与えるようなことはなかった、と考えることができるからである。

以上の諸事情を考えあわせ、本訳の底本として、アリストテレスの他の著作にかかわる断片を総合した、たとえば W. D. Ross などの断片集（*Aristotelis Fragmenta Selecta*）は用いず、イアンブリコスの『哲学のすすめ（Protreptikos epi philosophian）』中の、アリストテレスからの引用で構成された部分、第六章から第十二章を一貫性をもったアリストテレス『哲学のすすめ』とみて、Des Places の校本（É. Des Places〔ed.〕*Jamblique: Protreptique*, Collection des Universités de France, Paris, 1989, pp.67-90）を用いた。また Pistelli の校本（H. Pistelli〔ed.〕*Iamblichi Protrepticus, ad fidem codicis Florentini*,〔Bibl. Teubn.〕Leipzig, 1888〔repr. Stuttgart, 1967〕, pp.35-61）をもあわせ参照した。

アリストテレス『哲学のすすめ』を引用するにあたって、イアンブリコス自身が付した「まえがき（前言）」「つなぎ」「あとがき（後言）」について最近はじめて徹底した調査にもとづく詳細な研究がなされた。ここではひとまずその成果にもとづき、アリストテレスの原文訳とともに、イアンブリコスによる付加箇所をもそれとわかる形で示すことにした（D. S. Hutchinson & M. R. Johnson, 'Authenticating Aristotle's Protrepticus,' *Oxford Studies in Ancient Philosophy* 25, 2005, pp.193-294)。

なおイアンブリコスについては解説（一六二頁以下）をあわせ参照されたい。

第一章（VI）

〔われわれの対話の相手は人間たらであって、その神的な生の分け前を意のままにできるような方々ではないのだから、この種のすすめの言葉には政治的実践的な生への忠告を混ぜあわせなければならない。ではこのように語ることにしよう。〕（67.20-23）［前言］

われわれの生活を支えてくれるもの、たとえば身体や身体に属するさまざまなものは、一種の道具のようなものとして、支えてくれるが、それらを使用することには危険が伴う。すなわちそれらを適正な仕方で使用しない人たちには、むしろ意図したこととは正反対の事態が生ずることになる。だからわれわれは、この知識を獲得するとともにそれをふさわしく使用することを強く望むべきである。その知識によってこれらすべてのもの［道具の類］をわれわれは正しく用いることになるのだ。したがって、われわれが政治に正しくたずさわり、われわれ自身の生を有益に

過ごそうとするなら、われわれは哲学すべきである。(67.23-68.3)

さらに［知識にはさまざまな種類があり、］一方に生活するうえでそれぞれ便利なものをつくり出す知識と、他方、この種の知識を使用する知識があり、さらにまた一方に奉仕する知識と、他方、[1]命令する知識がある。そしてこれらの後者の内に、いわばよりいっそう統率的な力をもつこの種の知識の内に、真の意味での善は存在する。したがって、判断の正しさをもち、理性を用い、完き善を観照する知識――これこそ哲学にほかならない――だけが、すべてのものをそれぞれの本性に則して使用し、また命令を与えることができるとすれば、われわれは、あらゆる手段をつくして哲学すべきである。ただ哲学だけがそれ自身の内に正しい判断と誤ることなく命令を与える理知をもっているからだ。(68.3-14)

［さらにまた、われわれは誰でも、できることでしかも有益なことを選ぶものであるから、この二点が哲学にそなわっていることを示さなければならない。またわれわれは、哲学を獲得する困難さは、その利益の大きさに比べれば、はるかに小さいものであることを示さなければならない。というのもわれわれは誰でも、より容易

なものにより大きな喜びをもって取り組むからだ。また正しいもの、有益なものについての知識、さらに自然やその他の真理についての知識を、われわれが獲得できるということを立証するのは容易である。」(68.14-21)［つなぎ（1）］

というのは、より先のものはより後のものよりも、またその本性上より善いもの[2]はより悪いものよりも、つねによりいっそう知られうるものである。なぜなら知識は、無規定なもの、無秩序なものよりも、規定されたもの、秩序づけられたものに、また結果よりも原因に、よりいっそうのかかわりをもつからだ。また、善い物事は悪い物事よりもいっそう規定され秩序づけられているのであり、それはちょうど善い人が悪い人よりもいっそう規定され秩序づけられているのと同様である。物も人も両者がたがいに同一の相違点をもつことは必然だから。さらに、より先のものはより後のものよりもいっそう原因である（なぜなら、より先のものが取り除かれれば、そのものから自己の存在を得ているものも取り除かれることになるからだ。数〔点〕が取り除かれれば線が、線が取り除かれれば面が、面が取り除かれれば立体が取り除かれることになる[3]）。(68.21-69.2)

したがって、もし魂が身体よりもより善いものである（魂はその本性上よりいっそう支配するのにふさわしいものだから）とすれば、そして身体については医術や体育術という技術と理知が存在する（というのは、われわれはそれらを知識と考え、そしてこれらの知識を所有している人たちのいることを主張するのだから）とすれば、魂および魂の卓越性についてもまた、なんらかの学問や技術があり、われわれがその学問――たとえわれわれの無知がより大きく、知るのにより多くの困難のあるものについての学問であろうと、それをも獲得することができるからには――を獲得できることは明らかだ。（69.2-10）

自然に関する知識についても事情はおなじである。ここでも、原因や原素についての理知は、より後のものについての理知よりもはるかにより先のものであるのは必然だから。なぜなら、より後のものは究極的なものではなく、またそれから[4]第一原理が生じてくるものでもなく、反対に他のあらゆるものが生成し、また構成されることになるのは、これらの第一原理から、そして第一原理によってであることは明らかだからである。というのはそれが火であれ、空気であれ、数であれ、あるいは他のどんな自然であれ、他の事物の原因であり第一原理であるものを知らないでは、それら以外のいかなるものをも知ることはできないからだ。綴りを知らないで、どうして人は言葉を知ることができようか、また字母をなにひとつ知らないでどうして綴りを知ることができようか。（69.10-19）

〔さて真理と、魂の卓越性についての知識が存在するということ、そしてわれわれはそれらを獲得することができるということ、この二点に関しては、十分に語られたことにしよう。だが、これ［この知識］が善きもののうちの最善のものであり、すべてのもののうちで最も有益なものであることは、つぎに述べることから明らかとなろう。〕（69.20-24）［つなぎ（2）］

すなわち最もすぐれた人、つまりその本性の最も善い人が支配すべきであり、そしてこの人が法を支配し、この人だけが最も有力な地位にあるべきだということについては、われわれすべての意見は一致している。この法なるものは、一種の理知であり、理知にもとづく言葉にほかならない。さらにまた、われわれは、理知ある人以外に、いったい善いものについていかなる基準、いかなるより正確な尺度をもっているというのだろうか。この理知ある人が彼の知識に則して選ぶものはどれもみな善いものであり、それに反するものは悪いものである。人はみな自分に固有の状態［性格］に合ったものをなににもまして選ぶものだから（というのは、正しい人は正しく生きることを、勇気ある人は勇気をもって生きることを選び、同様に節度ある人も節度をもって生きることを選ぶのだから）、理知ある人があらゆるものにまさって理知をはたらかすことを選ぶのは明らかである。というのは、このことこそ、この能力のはたらきだからだ。したがって、最も権威ある判定にしたがえば、理知こそ善いものの中でも最高のものであることは明白である。(69.24-70.9)

したがって、哲学が、われわれの考えるように、知恵の所持でありまたその使用であり、さらに知恵は善いもののうちの最大の類とするなら、われわれは哲学から逃げ出すべきではない。またわれわれは、財物のためにはヘラクレスの柱にまでも航海し、数々の危険を冒しながら、他方で、理知のためにはいかなる労苦も出費も払わないということであってはならない。またよく生きようとはしないで、ただ生きることをひたすら願い、また自分自身の意見にもとづいて多数者を評価することをしないで、ひたすら多数者の意見に追随し、また財物は追い求めるが、美しいもの、善いものにはまったく心を向けることがない、というのは奴隷のすることにほかならない。（70.9-19）

〔ことがら［哲学すること］の有益性と重要性については、十分に証明されたと私は思う。しかしこのものの獲得が他のもろもろの善きものの獲得に比べてはるかに容易であるということについては、つぎのことから、確信が得られるだろう。〕

（70.20-23）［つなぎ（3）］

哲学する人たちは、熱心に努めるようにと促す報酬を人々から得ることはないにもかかわらず、そしてまた［哲学する人たちは］他のもろもろの技術を［哲学の］はるか先に出発させておいたにもかかわらず⑺、わずかな時間駆けただけで、厳密さにおいてそれらを追い抜くことになったという事実は、哲学が容易であることの徴しだ、と私には思われる。またさらに、すべての人びとが哲学に愛着をもち、他のすべてを投げ捨ててもそれに没頭したいと思う事実は、哲学に傾倒することが快いものであることを示す大きな証拠である。長い期間にわたって苦労を重ねることは誰も望まないからだ。以上に加えて、哲学はその実行という点では、他のすべてのものと大きく異なっている。というのは、哲学する人たちはその実行のためにいかなる道具も場所も必要とせず、むしろ世界のどこにあっても、人が思考をはたらかせさえすれば、その人は、どこにおいても同じように、真理をまるでそこに存在しているかのように把握することになるからだ。(70.23-71.9)

〔こうして、哲学が可能であること、それが善きもののうちの最大のものであること、それを獲得するのは容易であることは証明された。したがって、あらゆる点から見て、哲学を熱意をもって心に受け入れるよう努めることは価値あることである。〕(71.9-12)［後言］

訳注

(1) ここでアリストテレスは、哲学は支配し命令する知識であると語り、その理由として、その知が判断の正しさをもち、理性を用い、完き善を観照するからである、とする。『形而上学』でも、最も支配的な知は第一の原理と原因にもとづくものであることを語っている。「あの第一のものども、すなわち第一の諸原因こそは、最も知られうるものである。なぜなら、これらによって、またこれから出発して、他のすべては知られてくるが、これら第一のものは、それら下位にあるものによって知られるのではないからだ。またもろもろの知識の中で最も支配的であり、どの従属的な知識よりもいっそう支配的であるのは、各々の物事が何のために（目的）なさるべきかを知っている知識である。そしてこの目的は、その各々においてはそれぞれの善であり、全般的には自然全体における最高善である」（Metaph.1.982b2-7）。したがってわれわれの求める知は第一原理や原因を研究する学知であるべき、とされる。善も目的も原理・原因の一種なのである。

後期著作『ニコマコス倫理学』にも「思慮（実践知 phronēsis）は命令的である。なぜなら人が何をすべきか、何をしてはならないか、思慮の目的はそこにあるからだ」（EN6.1143a8-9）とある。本訳書では archikōteron を「支配的」（69.4, 72.6, 8）、epitaktikē（及びその類語）を「命令的」（68.7, 11, 13）、hēgemonikon を「統率的」（68.7, 72.7）としている。

（2）「より先の、より後の」はこの後も第六章（XI）にも言及されるが、いずれも解説の当該箇所（一三〇～一三二頁）を見られたい。その全般的説明についてはアリストテレスの『形而上学』第五巻十一章を、現実態と可能態のかかわりについては同書第九巻八章の説明を参照。

（3）この後に「いわゆる綴りが取り除かれれば字母も取り除かれる」（69.2-3）とあって、綴りと字母の位置が逆転しているため、イアンブリコスによる書き違えと見る意見がある。Des Places はそのまま本文に残すがここでは Rose, Pistelli, Walzer らに従って削除する。Ross, Düring は逆転を正して残している。

（4）ソクラテス以前の哲学者たちの説く第一原理を示唆するものとみられる。たとえば、ヘラクレイトス（火）、アナクシメネス（空気）、ピュタゴラス（数）など。

（5）理知ある人（phronimos）が支配的、命令的で、善の基準あるいは尺度であるとする考えは、『ニコマコス倫理学』の「人はそれぞれの性向に応じて、美しいものや快いものには固有のものがあり、すぐれた人は、それぞれの場面で真実を見てとることにかけて、おそらく最も卓越しており、そのような人は、それらのことがらのいわば基準であり尺度である」（EN 3.1113a33）にも明らかに認められるように、アリストテレス哲学の主要な考え方の一つである。プラトンの「人と人との間には知の優劣があるということと、またその知の優者こそ尺度であって、私のような知識のない者は、どんなにしてみても、尺度にならなければなぞということはない」（『テアイテトス』179B）や「人がなんらかの意味で知恵ある人（phronimos）であることなしに、誰でもが万物の尺度であるというようなことをあの人（プロタゴラス「万物の尺度は人間である」）に対して認めるわけにはいかない」（183B-C）などに見られる考え方に大きく影響を受けているとみられる。

（6）スペインとモロッコとの間の、地中海と大西洋を結ぶ海峡をジブラルタル海峡といい、ヘラクレスの柱とはその両側にそびえ立つ岩のこと。それは古代においては世界の涯を意味した。

（7）70.25 の eis を Hutchinson & Johnson に従い削除する。他の解釈では「他の学術のためにすでに多く［の金や時間や労苦］を費やしてきたような人達の場合においてもなお」（岩波版『アリストテレス全集　一七』宮内璋訳）となる。

第二章（Ⅶ）

〔以下のことからすれば、人は同一のことをよりいっそう理解しやすい形で見てとることができるだろう。〕（71.13）［前言］

理知(1)をはたらかすこと、認識することはそのこと自体、人間にとって望ましいことである（というのは、それらを欠いては人間として生きていくことができないからだ）。また、それはわれわれの生にとって有益である。というのは、われわれが推理し、また理知に則して活動してはじめて成就したものでないかぎり、いかなる善いものもわれわれのもとにはやってこないからだ。さらに、幸福に生きることが快楽の内に生きることであれ、徳を身につけることであれ、理知の内に生きることであれ、これらのすべてに則してわれわれは哲学すべきである。というのは、これら［快楽、徳、理知］は、とりわけそして純粋に、哲学することによってわれわれのもとに生ずるものだからだ。（71.14-22）

さらにまた、われわれのある部分は魂であり、他の部分は身体である。そして前②者は支配し、後者は支配される。また前者は後者を使用し、後者は前者の道具としてある。したがって、支配されるもの、道具としてあるものの使用は、つねに、支配し使用するものとの関連において調整される。魂のある部分は理性であり、これは本性上われわれに関することがらを支配し判断する。他の部分は、理性に従い、これに支配されることをその本性としている。あらゆるものは、自己固有の卓越性に則している場合にはじめてよく秩序立てられるが、それは卓越性を得ることは善いことだからである。（71.22-72.3）

さらに、最も主要な、最も支配的な、そして最も高貴な部分がそれに固有の卓越性を得ている場合に、そのものはよく秩序立てられている。したがって、よりいっそうすぐれたものの本性的な卓越性は本性的によりいっそうすぐれたものである。また本性的によりいっそう支配的で、よりいっそう統率的なものはよりいっそうすぐれたものであって、それは人間が他の動物に比べて優っているのと同様である。したがって、魂は身体よりもよりいっそうすぐれている（魂はよりいっそう支配的であるから）。そして魂の中では、理性や思考をあわせもつ部分がよりいっそうすぐれている。なぜなら、命令したり禁止したり、また行うべきこと、行うべきでないことを告げるのはこの部分だから。（72.3-10）

したがってこの部分の卓越性がどのようなものであっても、それは、一般にすべてのものにとってもわれわれにとっても、あらゆるものの中で最も望ましいものでなければならない。というのは、私の見るところでは、人はこの部分だけが、あるいは他のあらゆる部分以上にこの部分こそがわれわれ自身であるとする立場をとることになるだろうからだ。[3]さらにまた、あるものが、付帯的な仕方においてではなく、そのもの自体に則して、それぞれのもののもって生まれた本性的なはたらきを、このうえなく立派になし遂げる場合には、そのものはまた善いものともいわれるべきであり、そしてそれぞれのものがまさにかのもの［本性的なはたらき］を完遂するよう導くものこそ最も支配的な卓越性であるとされるべきである。ところで、合成されているもの、部分に分かれるものは多くの異なるはたらきをもつが、他方で本性的に単一［非合成］で、その存在が他のものとの関係によってはじめて成立するようなものではないものは、ただ一つの、その本性に則した、厳密な意味での卓越性をもつのでなければならない。(72.11-72.22)

したがって、もし人間が単一な動物であって、その存在が理性と知性とによって秩序づけられているとすれば、そのはたらきはただひとつ、最も厳密な真理、すなわち存在についての真理を明らかにすることにのみある。それに対して、もし人間が本来多くの能力から合成されてできているとすれば、人間が本性上なし遂げることのできるもののうち最善のものがつねにその［固有の］はたらきであることは明らかだ。たとえば、医者の［固有の］はたらきは健康であり、舵手のはたらきは安全であるように。ところで、われわれは思考の、あるいはわれわれの魂の思考する部分のはたらきとして真理にまさる善いものをあげることはできない。したがって、真理は魂のこの部分の最も主要なはたらきということになる。そして魂のこの部分はそのはたらきをひたすら知識によって遂行し、またこのはたらきをよりいっそう［完全な］知識によってよりいっそう遂行するが、その知識にとって最高の目的は観照である。というのは二つのもののうち、一方が他方のゆえに望ましいものである場合には、それのゆえに他方が望ましいものであるほうがより善いものであり、より望ましいものであるからだ。たとえば快楽は快い事物よりも、健康的な事物よりもより善く、またよりいっそう望ましいものであるように。なぜなら後者は前者をつくり出すものといわれているからだ。（72.22-73.13）

さて、魂のある状態[4]と他のある状態とを相互に比べてみると、われわれの内にある諸部分の中で最高のものの能力であるとわれわれの言う理知以上に望ましいものは何も存在しない。なぜなら、［魂の］認識する部分は、それだけでも、［他の部分と］結びついている場合でも、魂の他のすべての部分よりもすぐれたものであり、そしてその卓越性は知識にほかならないからだ。したがって卓越性の諸部分と呼ばれるものはどれも理知のはたらきの成果ではない。なぜなら理知は他のすべての卓越性よりすぐれたものであり、他方、つくり出される目的［成果］は、つねにそれをつくり出す知識よりもよりすぐれたものだから。さらにまた、魂のどの卓越性もこのような意味で理知のはたらき［の成果］であるのではなく、幸福もまたそうではない。なぜなら、理知が何かをつくり出すものであるとするなら、つくり出すものそれ自体とつくり出されるものとは別のものであることになる。建築術は家をつくり出すが、それ自身は家の一部分ではないように。しかし理知は卓越性の一部分であり、幸福の一部分である。というのも、幸福は理知から来るもの、あるいは理知そのものである、とわれわれは主張するからだ。(73.13-26)

したがってこの議論によってもまた、それ［理知］は制作的知識[5]ではありえないことになる。なぜなら、目的は、それに近づこうとしているものよりもすぐれていなければならず、また先にあげられたもの［幸福と卓越性］のいずれか以外に、理知よりもすぐれているものは何もなく、しかもこれらのどれも理知とは別のはたらきではないからだ。したがって、目的となるものがものをつくり出すことはありえない以上、われわれは、この種の知識はなにか観照的なものであるといわなければならない。したがって、理知をはたらかすことと観照することは、卓越性のはたらきであり、このことは人間にとって最も望ましいものである。それは、私の思うところでは、ちょうど見ることが目にとって最も望ましいことであり、またたとえその見るということから、見ることそのもの以外の別の何かが生じてくることはないとしても、人はそれを選び取るであろうことに比べられるのだ。（72.26-74.7）〔さらに、もしわれわれが見ることを見ることそれ自体のために愛するとするなら、このことは、すべての人が理知をはたらかし認識することをとりわけ愛することの、十分な証拠である。〕（74.7-9）［つなぎ］

さらにまた、もし人がある一つのことを、それから別のことが結果として生じてくるからというので愛するとすれば、この人は、その性質がよりいっそう［多く］そなわるものを、よりいっそう欲求するだろうことは明らかだ。たとえば、ある人が、健康によいという理由からたまたま散歩することを選んでいたが、その人には駆け足のほうが健康にいっそうよく、しかもそれが可能であるとなれば、彼は駆け足のほうをよりいっそう選ぶだろう。それを知りさえすれば、ただちにそのほうを選ぶだろう。そこで、もし真⑥なる意見が理知に似ているとするなら、――真なる意見をもつことは、それが理知に似ているということによって、そして真実という点でそれが理知になんらか似ているそのかぎりにおいて、望ましいことであるから――、もしこのもの［真実］がよりいっそう［多く］理知にあるとするなら、理知

は真なる意見よりもいっそう望ましいものとなるだろう。(74.9-19)

ところで、生きていることは、感覚をもつことによって、生きていないことから区別され、生きていることは、感覚の存在とその能力によって規定される。そして、もし感覚が取り去られるなら、生は生きるに価しなくなるが、それはあたかも感覚がなくなることで生そのものもまた失われるかのようである。だが他方、感覚の中で、視覚が最も明晰であることによって、他と区別され、まさにこのために、われわれは視覚を他のいかなる感覚よりも高く評価するのだ。だが、すべての感覚は、聴覚が耳を通して音を感知するように、身体を通して認識する能力である。したがって、もし生きることは感覚のゆえに望ましいものであり、また感覚は一種の認識であり、そして魂は感覚によって認識することが可能だから望ましいものであるとするなら、さらに、先に述べたように、二つのもののうちで、同じ望ましいもののがいっそう[多く]属するもののほうがつねにいっそう望ましいものであるとするなら、もろもろの感覚の中で視覚は必然的に最も望ましく、最も尊いものであることになる。だが、真理についてよりいっそう支配的な力をもつ理知は、視覚よりも、他のすべての感覚よりも、さらには生きること[8]よりも望ましいものである。そのために、すべての人はなによりも理知を追い求める。（74.19-75.8）〔なぜなら、人びとは生きることを愛するがゆえに、理知をはたらかすこと、認識することを愛しているからだ。人びとが生きることを尊重するのは、ただひたすら感覚、とりわけ視覚のゆえにである。というのも視覚が、他の感覚に比べて一種の知識のようなものだからである。〕（75.8-13）［後言］

訳注

（1）71.14-22 の部分を、前言（71.13）とともに Ross6（W6）は採らず、また Düring も採らない。イアンブリコスによる文とみられている。しかし Hutchinson & Johnson は前言部分以外（71.14-22）もすべてアリストテレスの文章とみる。

（2）魂が身体を支配する、については、プラトンのたとえば『パイドン』（80A. 94B-D）など、また魂の一部分としての理性が支配し、他の二部分は支配されることについては『国家』（4.441E-443B）など参照。

プラトンは魂の三部分（理性的、気概的、欲望的）を語っているが（R.4.435B-C など）、後には気概的部分と欲望的部分を一つに合わせ、これを非理性的部分と呼び、理性的部分と対比させて二部分とみる傾向にある。さらに理性的部分のみを不滅永遠的なものとしている(R10.608D-612A など)。

(3)「理性的部分こそわれわれ自身」については、プラトンの『国家』の「真の意味での自己自身にかかわるもの」(4.443D)や「われわれ一人ひとりの真なる自己は、つまり不死なる魂と名づけられているもの」(12.959B)など、またアリストテレスの後期の著作『ニコマコス倫理学』にも「自己自身の内なる最高部分に則して生きるよう努めなければならない。……また、このものが、われわれにおける支配的なものであり、よりすぐれたものであるから、各自はこのものである、とさえ考えられてよい」(10・1177b34, 1178a2-3)などにもその類似の表現がみられる。

(4)状態(hexis)は第一章(VI)(70.4)でも用いられているが、どちらも基本的に能力・可能性(dynamis)と同義で、用いる・活動性(energeia)と対比されている。初期作品として『哲学のすすめ』に近いと思われる『エウデモス倫理学』にも「魂の内にあるものとしてその内のあるものは状態あるいは能力であり、他のものは活動であり運動(kinēsis)である」(EE 2.1218b36-37)とある。魂の内にある、たとえば善いものとしてあげられている徳(aretē)は最も善い状態とされるが、それよりもその徳の最も善い活動はより善いもの、と語られている(2.1219a32-34)。後期の『ニコマコス倫理学』では、魂の内に生じてくるものには、感情(pathos)と能力(dynamis)と状態・性向(hexis)の三つがあるとされ、感情は怒り、恐れ、喜びなどを、能力は快苦を伴うこれらの感情を感受しうるもの、状態はこれらの感情に関してある一定の態度をとることのできるものをいう、とされている（EN 2.1105b19-28）。

（5）アリストテレスの手本ともなった、プラトンのプロトレプティコス作品『エウテュデモス』の中でソクラテスとクリトンの間で以下のような問答が交わされる。医術知は医術知をもつ人たち（医者）をつくり出すとともに健康をつくり出す。健康は医術知そのものではなくその外的な成果（ergon）である。それと同じように、政治という技術知は人びとを知恵のあるものにし善いものにするのは間違いないとしても、その知恵のある者がわれわれのためにつくり出すもの（成果）は何か。彼が善いものをつくり出し、善いものとは知識以外にないとすれば、その知識とは何か、いかなるものか。この問題をめぐって二人はついにアポリアーに陥ることになる（291E-293A）。

このアポリアーは、すべての知識が技術知（制作知）と同じものとみられていることに由来するものと考えられる。理論的知識において、そのはたらきは外的な成果としてあるものではなく、たんにその理論知自体のはたらき、活動（energeia）、すなわち観照すること（phronein）そのものの内にある。アリストテレスはここで理知が何かをつくり出すものではないことを主張し、理論知としての理知を、それ自体の外部にその成果・目的をもつ制作技術知から明確に区別している。『形而上学』にも「［哲学知としての］知（sophia）が制作的ではないということは、かつて最初に哲学した人たちからみても明らかである」（1.982b11-12）、とある。

（6）真なる意見、正しい思わく（alēthēs doxa, orthē doxa）と知識との対比はプラトンの内に、それも『メノン』(85C-D) に最初に認められる。意見 (思わく) と真の知識の区別の基準は、「原因 (根拠) の思考によって縛りつけられる」か否かによる永続性の有無とされている。

(7) 生は感覚と同じとみられるべきとする考え方。これはむしろ伝統的な見解であって、アリストテレスも初期の『エウデモス倫理学』の中で「[生とは] 感覚していること、および認識していることであり、したがって生をともにしていることもまた、感覚をともにしていること、および認識をともにしていることであるのは明らかである」(EN 7.1244b24-25)、「自己を感覚していること、自己を認識していることは、各自にとって最も望ましいことである。このことのゆえに、生への欲求はすべての人びとに自然によって植え込まれたものである。なぜなら生きることは一種の認識とみなされるべきだから」(EE 7.1244b26-28) と、さらに『ニコマコス倫理学』でも「[人間の] 生きているということも、厳密な意味においては、感覚していること、また思考していることであるように思われる」(EN 9.1170a18-19)、「生きているということとは、動物においては感覚の能力によって規定され、人間においては感覚あるいは思考の能力によって規定される」(EN 9.1170a16-17) と述べている。

(8) たんに「生きること (zēn)」と「よく生きること (eu zēn)」すなわち「幸福であること」の対比がここに暗示されている。理知をはたらかすことは「よく生きること」にほかならない。

第三章（Ⅷ）

〔現に問題となっていることについて、一般の人びとの共通見解、すなわち、すべての人びとにとって明らかになっていることがらを基礎として、ここに再び言及することも、無益ではないだろう。〕（75.14-16）［前言］

さて、すべての人にとって、少なくともこのことだけは明らかである。すなわち、人びとのうちでも最大の富と権力を手にしてはいるが、理知を欠き、正気を失ったまま生きるというのであれば、そのような生を選ぶ者はひとりとしていないだろう。たとえ分別を失った者たちの幾人かがしているように、激しさこのうえない快楽に歓喜しながら生きていこうとしても、このことにかわりはない。してみると、すべての人びとがとりわけ避けようとしているものは、知なき状態であるように思われる。知なき状態の反対は理知であり、これら対立するもののうち、一方は避けるべきものであり、他方は望ましいものである。それはちょうど病気はわれわ

れにとって避けるべきものであるのに対して、健康は望ましいものであるのと同じである。(75.16-24)

〔こうして、この議論によってもまた、理知はすべてのもののうちで最も望ましいものであり、しかもその理知から結果として生じてくる他のもののためにではなく、まさにそのもののために最も望ましいものであることは明らかだと思われる。それは、一般の共通見解が証言しているところと同じである。〕(75.25-76.2)〔つなぎ(1)〕

なぜなら、たとえ人が一切のものをもっていても、思考する力に欠陥があり病的であるとするなら、その人の生は望ましいものではないからだ。というのは、その人のもつ他のいかなる善きものも、彼のために利益となることはないから。だから、すべての人は理知をはたらかすことについてなんらかの感覚をもっており、またそのことを味わい知ることができるかぎり、これに比べるなら他のものは無にひとしいと考えるのであって、まさにこのゆえにこそ、われわれの誰ひとりとして、生涯を通して、酔っぱらいのままに過ごしたり、子供のままで過ごしたりすることには耐えられないのだ。そしてまた同じ理由によって、眠り[1]は、きわめて快いものではあるが、しかし望ましいものではない。たとえ、眠っている人にはあらゆる快楽が現在していると想定したとしても。なぜなら、眠りの間の表象は偽なるものであり、目ざめている時の表象は真なるものだから。眠っていることと目ざめていることの違いは、ただ、魂は目ざめている時には真理にふれることがしばしばあるのに対して、眠っている時にはつねに欺かれている——というのは夢の内に結ぶ表像はじっさいすべて偽りでもあるから——という点にのみある。(76.2-16)

　さらに、多くの人びとが死を忌避するという事実もまた、魂の学ぶことへの愛を示している。というのは、魂は、自分が知らないもの、暗いもの、明らかでないものを避け、その本性上、明瞭なもの、知られうるものを追求するからだ。このことこそ、われわれが太陽や光を見ることができるようにしてくれた人びと、すなわち父や母を、最大の善いものの原因として、なによりも尊び敬わなければならないと主張する、とりわけの理由である。父や母は、われわれが理知をはたらかしたり見たりすることの原因であると思われるからだ。また、われわれが、物であれ人であ

れ、なじみ深いものを喜び、われわれの知っているものを、友と呼ぶのもこの同じ理由による。(76.17-26)

〔これらのことがらは、知られうるもの、明らかなもの、そして明瞭なものが愛されるものであるということを明らかに示している。そして、知られうるもの、明らかなものが愛されるものであるとすれば、当然認識することと理知をはたらかすこともまた同じように愛されるものであることは明らかである。〕(76.26-29)〔つなぎ(2)〕

さらにまた、財産に関しても、人間にとってたんに生きるためと幸福に生きるための財産の所有は同じではないように、理知についてもまた、たんに生きるためと美しく生きるためにわれわれが必要とする理知は同じではない。たしかに、大多数の人びとがそのやり方で生きていることは大目に見られてよいかもしれない(というのも、彼らは幸福に生きることを願望していながら、ただ生きることさえできれば、それで満足するのだから)。しかし、〔生きられさえすれば、〕どんな生き方であれ生きることに耐えていくべきだとは考えない人にとっては、真理を認識するにいたるであろうその理知を得るために、いかなる苦労にも耐えあらゆる努力をつくそうとしないのはまことにおかしなことである。（77.1-11）

〔だが、人はこの同じことを、もし彼が人間的生を白日の下に観照したとすれば、以下のことからも知ることができるだろう。〕（77.12-13）［つなぎ（3）］

　というのは、そうすることで人は、人びとに偉大なことであると思われているすべてのものが、たんなる影絵にすぎないことを見出すだろうからだ。人間はまったくの無であり、人間のかかわることがらに確かなものはない、という言葉の正しさは、右の点に根拠をもつのである。強さ、偉大さ、美しさも笑うべきものであり、何の価値をもつものではないからであり、美しさも、われわれが何物をも正確に見ることがないために、美しいものと思われているにすぎないからだ。というのは、もし人が、壁や樹木を透して見たあのリュンケウス[2]について伝えられているように、ものを鋭く見ることができたとするなら、人間がいかに劣悪なものから成り立っているかを見てとる以上、その眺めを見るに堪えるものと思うようなことがありえようか。また名誉や名声も、他のものよりいっそう人びとの熱望の対象となるものではあるが、言語に絶する愚かさに満ちたものである。なぜなら、永遠なるものを何か見た人にとっては、この種のことがらを熱心に追い求めることは、愚かなことだからだ。人間的なことがらの中で、いったい何が偉大なものであり、何が永続的なものであるのだろうか。このようなもの［名誉や名声］でさえ相当なものと思われるのは、私の見るところでは、われわれの弱さと命の短さによる。(77.13-27)

われわれのうちのいったい誰が、これらの事態を見てとったうえで、なお自分たちは幸福であり祝福されている、と思うことができるだろうか。もしわれわれはみな、あの秘儀の導師たちが語るように、そもそもの始めから、自然によってあたかも罰として形成されているのだとするなら。魂は罪の報いを受けているのであり、われわれはある大きな罪の懲罰を受けるために生きているのだ、という古人の言葉は神の霊感に満ちたものだ。というのは、魂が肉体と結合していることは、なにかこのようなこと［罰］にきわめて似ているからである。テュレニアの人たちは、[3]捕虜を、その生きている体に屍体を、顔と顔、手足と手足をぴったり合わせて縛りつけることで拷問する、としばしば言われているが、それと同じように、魂は肉体の感覚的な組織全体にくまなく拡げられ、またそれにぴったり貼りつけられているように思われるからだ。（77.27-78.11）

だから、人間の内には、神的なもの、あるいは幸福なものは、尊重に価するただ一つのものを除けば、ほかには何一つ存在しないのである。それはわれわれの内にある程度でということながら、ともかくその知性と理知のことである。われわれの所有しているものの中で、ただこれだけが不死であり、これだけが神的であると思われるからだ。そして、この能力に与ることができることで、われわれの生は、それが本来悲惨で、困難なものであろうとも、なお賢く整えられていて、他のものに比べれば、人間は神であると思われるほどなのである。なぜなら、「知性はわれわれの内なる神」――この言葉がヘルモティモス[4]のものであれ、アナクサゴラス[5]のものであれ――であり、また「死すべき生もなにか神的なものの部分を分けもつ」からだ。したがって、われわれは哲学すべきであるか、それとも、生きる[6]ことに別れを告げてこの世から立ち去るべきか、そのいずれかである。それというのも、他の一切はなにかまったくとるにたらぬもの、愚かしいものと思われるからだ。

(78.12-79.2)

〔このようにして、人は、［共通］見解から選ばれたいくつかの手引の案を、つぎの忠告にふさわしくまとめ上げることができるだろう。すなわち観照的に哲学すべきである。そしてできるかぎり知識と知性に則した生を生きるべきである。〕(79.3-6)［後言］

訳注

（1）『エウデモス倫理学』にもつぎのような記述がある。「［生まれた］最初の日から［死ぬ］最後の年まで、千年が経とうが、あるいはどれほどの年が経とうが、目ざめることのない眠りを眠ることと、植物として生きることにどんな相違があろうか。じっさい植物は何かこのような生にかかわると思われるが、胎児もまた同じである。なぜなら胎児もはじめて母胎の内に宿って以来、生存しつづけてはいるが、しかし全期間にわたって眠ったままだから」(EE 1.1216a3-9)。

（2）ギリシア神話に、金毛の羊皮を求めてイオルコスの王子イアソンがギリシア中の高名な英雄たち（その中にヘラクレスやオルペウスの名もある）から成る一団を率い、船「アルゴー」で黒海東端のコルキス地方へと航海した話がある。彼らは「アルゴナウタイ」(Argonautai) と呼ばれるが、リュンケウスはその一員である。彼の眼力はきわめて鋭く万物を透視することができたといわれる。プラトンの『書簡第七』にも「生まれつき劣った素質の者であるならば、リュンケウスでもそのような者たちに視力を授けることはできないだろう」（344A）と語られている。

（3）テュレニアの人たち（エトルリア人 Tyrrhenia）　初期イタリアを構成した多くの民族の中でも最も重要な人たち。彼らの名の高さはアルプスからシシリー海峡までイタリアの全土を満たしたといわれている。その勢力の最も拡大した時期、前五〇〇年頃にはイタリア全土の三分の一以上を支配した。しかしこの時期以降、勢力は弱体化しはじめ、やがてギリシア人、ローマ人の侵攻を受け、前四世紀初めには本来の居住地域だけが彼らの手に残されたが、それもまた次の二世紀の間にローマ人に奪われ、すべてを失うことになったという。テュレニア人たちの間では死者に対する関心がきわめて高く、死者がわが家に似た墓の中でその「生」を続けるという考えは、テュレニア人文化の最初から最後までもちつづけられていたといわれる。彼らの宗教は、ギリシア・ローマのそれとは異なって、神秘的、啓示的宗教ともいうべき要素が強く、この点でローマの宗教にも大きな影響を与えたとされている。

（4）ヘルモティモス（Hermotimos）　イオニア地方のクラゾメナイの人。「知性はわれわれの内なる神」の言葉はアナクサゴラスと結びつけられているが、アリストテレスは『形而上学』（1.3.984b19-20）でもヘルモティモスの可能性を示唆している。初期ギリシアの宗教思想へのシャーマニズムの影響は大きいとみられているが、アナクサゴラスとヘルモティモスは同じシャーマニズム的経験をもつ同郷人の関係にあると考えられる。古説によれば、ピュタゴラスは自分の魂が数々の人たちの中に移って転生していったことを語っているが、そのさいヘルモテイモスとしても生まれ変わったことを記憶している、という（DL8.4-5）。

（5）アナクサゴラス（Anaxagoras　前五〇〇年頃～前四二八年頃）　イオニア地方の、ミレトスからも近いクラゾメナイに生まれたアナクサゴラスがミレトス派のイオニア的合理精神を一身に受けた思想家となったことは自然ななりゆきであった。やがて彼はアテナイに移り、以来三十年をそこで過ごした。政治家ペリクレスと親交を結び、その知的サロンの有力メンバーとしてアテナイの知識人たちに影響を与えた。のちペリクレスの政敵によって無神論の廉で告発されたため、イオニア地方北端のランプサコスに退きその地で没したといわれる。

彼のイオニア散文の文体は正統派イオニア哲学を継ぐ思想家のそれらしくいかにも簡潔で明晰である（断片1、3、6など）。しかしその文体は無味乾燥ではない。断片12は、むしろ「知性」（nous）に寄せた賛歌ともいうべき熱情的な雰囲気をただよわせているともいえよう。彼が宇宙の秩序づけの理論、宇宙生成論の内に、ギリシアの哲学者たちの中ではじめて「知性」を導入し、それを宇宙の形成過程における動かし導く力、起動因としたことは、のちのプラトンやアリストテレスにも少なからぬ関心を呼び起こすことになった。

彼は、タレス、ピュタゴラスとともに世間のことがらにまったく無知な、純粋思索型哲学者の典型例としてほかにもあげられることが多い。『エウデモス倫理学』でも、第四章（Ⅸ）の場合とほぼ同じ形で、人はなんのために生きるかと問われて、「天空と宇宙全体の秩序を観照するために」(EE I.1216a11) と答えたことが語られている。

（6）身体はわれわれに喧騒と混乱をもたらし、正気を失わせ、そのため真実を観照することは不可能となる。純粋に何かを知ろうとするなら、身体から離れて、魂それ自身によってことがらそのものを観なければならない、それが可能となるのはわれわれの死んだ時であり、生きている間はないということになる（『パイドン』66D-E)。プラトンは『パイドン』でソクラテスに大要上のように語らせているが、ここでのアリストテレスの立場とは大きく異なる。彼は個人がその死後に完全な生、幸福に達しうるという考え方はとっていない。そのことは、本書第三章（Ⅷ）で「われわれは哲学すべきであるか、それとも生きることに別れを告げてこの世から立ち去るべきか、そのいずれかである」(78.21-79.1)、そして第七章（Ⅻ）で「それをなすことのできる人は誰もが哲学すべきである。じっさい哲学することは、完全によく生きることであり、あるいは端的に言って、われわれの魂にとって、あらゆることがらの中で、「よく生きることとの」最大の原因であるからだ」(89.22-25) と語られていることからも理解されるだろう。

第四章 (Ⅸ)

〔より高く、すなわち自然の意志から出発して、われわれは同じ忠告につぎのように進んできている。〕(79.7-8) [前言]

生成する事物のうち、あるものはある種の思考と技術によって生じる。[1] たとえば家や船がそうである(なぜなら、これら両者の生じてくる原因はある種の技術であり思考であるから)。これに対して他のものは、いかなる技術によって生じてくるものでもなく、自然によって生じる。というのも動物や植物の原因は自然であり、すべてこの種のものは自然に則して生じるからである。しかしまたあるものは偶運によって生じる。なぜなら生成するもののうち技術によっても、自然によっても、また必然によっても生じてくることのないもの、その多くを、われわれは偶運によって生じると言うからだ。(79.9-16)

ところで偶運によって生じるものは、そのいかなるものも何かのために生じるもそのでもなく、またなんの目的ももたないが、他方、技術によって生じるものは、その内に目的も「何かのため」も、ともに有している（なぜなら、技術をもつ人は、なぜ、そしてなんのために彼が書いたか、という理由を、いつでも君[2]に説明するだろうから）。そして、この目的なるものは、その目的のために生じるものよりもよりすぐれているものである。ここで私が言うのは、技術が、たまたま付帯的にではなく、それ自体の本性によって本来の原因であるようなその種の事物のことだ。というのも、たとえば医術は、病気のというよりも健康の原因であり、また建築術は家を取り壊すことのではなく、家の原因であるとするのが正しい言い方となるだろう。したがって、技術によって生じるものはすべて、何かのために生じるのであり、この何かは技術にとっての最善の目的である。これに対して、偶運によって生じるものは、何かのために生じることはない。偶運からも何か善いものが生じることはあるだろう。しかし偶運のままに、また偶運から生じてくるかぎりのものは、そのかぎりで善いものであるということはできない。偶運によって生じるものは、つねに不定のものである。（79.17-80.4）

しかし、自然に則して生じるものは、何かのために生じるのであり、そしてつねに、技術によって生じるものよりも、よりすぐれたもののために成り立つ。なぜなら、自然が技術を模倣するのではなく、技術が自然を模倣するのだから。技術は自然を補助し、自然がやり残したことを埋め合わせるためにあるのだ。というのは、自然は、ある種のことがらは、いかなる助けも必要としないで、自分だけの力でなし遂げることができるように思われるが、他のことがらは、それをなし遂げることが困難であるか、あるいはまったくできないか、だからである。手近な例を生成についてあげれば、ある種の種子は、どのような地に落ちようとも、保護の必要もなく芽を出すが、他の種の種子は、栽培の技術をも必要とする。同じように、動物においても、あるものは、自分だけでその本性をあますところなく受け取るが、人間は、その始めの誕生に際しても、その後の養育にあたっても、自己の保全のために多くの技術を必要とするのである。(80.5-18)

そこでもし技術が自然を模倣するのだとすれば、技術にとってもまた、[技術によって]生成するものはすべて何かのために生じる、ということが自然から帰結することになる。なぜなら、正しく［誤りなく］生じるものはすべて何かのために生じてくるもの、とする見地にわれわれはつくべきと思われるからだ。ところで美しく生じてくるものは正しく生じてくるものである。そして、自然に反するものが悪しきものであり、自然に則した生成は何かのために生じるものであるから、自然に則して生じるもの、あるいは生じたものは、いずれにせよすべて美しく生じるもの、あるいは生じたものである。(80.18-25)

そしてこのことを、人はわれわれの身体のどの部分からでも見てとることができるだろう。たとえば、まぶたのことを考えてみても、それはむなしく生じているのではなく、目を助けるために、つまり目を休ませたり、日にものが落ち込んでくるのを防いだりするために生じている、ということを君は見てとることができるだろう。したがって、何かのためにあるものが生じたということと、何かのためにあるものが生じなければならなかったということは同じである。たとえば、船が海上輸送のために生じなければならなかったとすれば、まさにこの理由によって船は生じたのだ。(80.25-81.5)

ところで、生物［動物］は、そのすべてのものが一つ残らずそうであれ、あるいはそのうちの最もすぐれたもの、最も高貴なものだけがそうであれ、自然[4]によって生じたものに属している。というのは、その多くは、なんらかの破壊と加害を目がけて、自然に反して生じたのだ、と考える人がいたとしても、なんの変わりもないからである。しかし、この地上の生物の中で、最も高貴なものは人間であるから、人間が自然によって生じた、ということは明らかだ。そして、自然と神がわれわれ人間を生み出したのは存在している事物の中の何かのため、である。ではそれは何であるのか[5]。そのことを問われた時に、ピュタゴラス[6]は「天界を観照することである」と答え、自分は自然の観照者であること、そして、まさにこのために自分はこの生へと解き放たれたのだ、と主張するのを常とした。アナクサゴラスもまた、人はなんのために生まれ、そして生きることを選ぶのかを問われた時、その問いに答えて「天界にあるもの、つまり天にある星々そして月、太陽を観照するためである」――他のすべてのものはなんの価値もないというわけで――と言ったと伝えられている。(81.5-20)

　そこで、もしあらゆるものについて、その目的なるものがつねによりすぐれているとすれば（なぜなら、生じるものはすべて、その目的のために生じるのであり、その目的はよりすぐれたもの、じっさいすべてのものの中で最もすぐれたものであるから）、そしてもし、自然に則した目的は、生成が連続してその限界点に達する場合、その本性上生成の最後に完成するものとするなら、人間の身体部分がまず最初にその目的に達し、魂の部分はその後に達すること、そしてよりすぐれた部分の目的はつねにその生成よりも後であることになる。したがって魂は身体よりも後のものであり、理知は魂の中でも最後のものである。というのもわれわれは、このの［理知］がその本性上最後に人間に生じてくることを知っているからだ。このことこそ、老年がもろもろの善いものの中でただこれ［理知］だけは自分のものとして主張する理由なのである。したがって、ある種の理知は、その本性上われわれの目的であり、それをはたらかすことは究極的なことであって、そのためにわれわれは生まれてきたのだ。そこで、もしわれわれがこの世に生まれてきたとするなら、われわれがこの世に存在しているのは、まさにある種の理知をはたらかし、学ぶこ

とのためにであるということは明らかである。(81.20-82.10)

したがって、この議論からすれば、人はすべて認識し観照するために、神によってつくられた、と述べるピュタゴラスの言葉は正しかった。だが、その認識[7]の対象が宇宙であるか、あるいはなにか別の自然であるか、については、おそらく後に考察しなければならないだろう。しかし今のところ、［探究の］第一歩としてはこれまで述べてきたところで十分である。なぜなら、理知が自然に則した目的であるとするなら、理知をはたらかすことが、すべてのことがらの中で最善のことであることになろう。したがって、われわれは、他の外的なことがらは、人に生じてくるもろもろの善いことのために為すべきであり、またその善いことどものうち、身体における善いことは、魂における善いことのために為すべきであり、さらに魂[8]の卓越性は理知のためにはたらかすべきである。この理知こそ最高の目的だから。(82.10-20)

あらゆる知識に関して、それ自体とは異なる別のものをそれから求め、また知識は有用でなければならないと要求することは、善いものと有用なものとが、その根本において、どれほど遠く隔たっているかについてまったく無知な者のすることである。というのもこの両者の隔たりは極めて大きいからだ。なぜなら、それがなければ生きることが不可能であるような事物の中で、その事物とは別のもののゆえに愛好されるような事物は、必要なもの、あるいは副原因と呼ばれるべきであり、他方、たとえそれからそれとは別のものが結果として生じることが一切ないとしても、それ自身のゆえに愛好されるものは、厳密な意味で善いものと呼ばれるべきだから。というのも、このものはあのもののゆえに望ましいものであり、あのものはまた他のもののゆえに望ましいものである、というように、この過程は無限に進行するのではなく、どこかに終着点をもつからだ。それゆえ、すべてのものから、そのもの自体とは別の効用を求めて、「それはわれわれにとってなんの得があるのか」とか「それはなんの役に立つのか」などと問うことは、まったくおかしなことである。なぜなら、われわれが主張することはじっさい真にかなっている。つまりこのような問いを発する人は、善美なものを知っている人とも、原因と副原因の区別のできる人とも、まったく思われないからだ。（82.20-83.4）

もし誰かある人がわれわれを、思考の中で、幸福な人びとの住む島々[9]のようなところに連れていったと思ってみれば、われわれの主張していることが何にもまして真実であることを見てとるだろう。というのも、そこでは、何かのために役立つというようなことはまったくなく、また何かが他の何かに利益となるようなこともまったくなく、そこにはただ思惟することと観照すること——これをわれわれは今でもなお、自由な生[10]と呼んでいる——とがあるだけだからだ。ところで、もしこのことが真実とすれば、この幸福な人びとの島に住む権利が与えられた場合に、われわれ自身の欠陥のためにそうすることができないとしたら、いったいわれわれの中の誰が恥じ入らないですむだろうか。恥じ入って当然である。したがって、知識がもたらす利益は人間によって軽んじられるべきではなく、またそれから生じてくる善はけっして小さなものではない。というのは、賢い詩人たちが、われわれは黄泉の国において正義の報酬を受ける、と語っているが、それと同じように、われわれはあの幸福な人びとの島々において理知の報酬を受ける、と思われるからである。

(83.4-16)

したがって、この埋知が外見上有用ないしは有益なものと思われないとしても、怪しむにたらない。なぜなら、われわれは、それは有益なものと呼ぶのではなく、それ自体善いものであると主張するのだからであり、またそれはそれとは別の何かのゆえにではなく、それ自身のゆえに選び取られるのが理にかなっているからだ。なぜならわれわれは、見物[11]そのことのために、その見物からはそれ以上のものは何も生まれてくることはないとしても、オリュンピアへ出かけていくように（観ることとそれ自体が、多くの富にまさっているから）、またディオニュシア[12]の祭りを、われわれは役者たちから何かを受け取ろうというのではなく、むしろ、われわれは彼らに金を払いさえして、観るように、さらにまた、われわれが多くの富以上に選び取りたい見物が他にも数多くあるように、それと同様に宇宙万有を観照することもまた、利得があると思われているすべてのものよりも、はるかにまさって尊重されるべきことだからである。というのは、たしかに、われわれは、女や奴隷に扮したり、格闘したり、競走する人たちを見るために多くの労苦をはらってまで旅に出るべきではない、がしかし、存在するもろもろの事物の自然本性と真理をなんの代価

も払わずに観照すべきである、と考えることがあってはならない。(83.16-84.2)

〔さてこのようにして、われわれは、自然の意志から出発して、本来的に善きもの、それ自体貴重なものとしての理知へのすすめを行ったのだ。そのものから、たとえ人間の生にとって有益なものが何一つ生ずることがないとしても。〕(84.2-6)

[後言]

訳注

(1) この三種は、プラトンの『法律』にみえている。「現在、過去、未来において生じる事物はすべて、あるものは自然によって生じ、あるものは技術によって生じ、またあるものは偶運によって生じる、というように語っている人たちがいるように思われます」(10.888E)。

本書『哲学のすすめ』第四章(IX)冒頭で生成する事物の原因としてあげられている三種のうちの一つ、思考(dianoia)は以後の記述の中では技術に代表されることでその姿を消しているが、本書とそれほど間を置かず成立したとみられる『自然学』第二巻(第五章、第六章)では、技術のほかに思考、さらに理性(nous)、選択(proairesis)などが示され、それらが人工的作品の原因だけでなく人為的な物事の原因でもあるとされている。さらにアリストテレスは偶運について詳細な考察を加え、それを偶運と自動偶発(automaton)とに区分している。狭義の偶運を、大人が思考の末、決断して行う行為（選択）の領域にかかわるものとし、それに対して自動偶発を、無生物はもちろん、動物や幼児の日常的な選択的行動の領域にかかわるとみる。

（2）「君に」（79.20）、そしてこのあと再び「君は見てとることができるだろう」（80.25）とあるのは、一つには、アリストテレスがこの書物をキュプロスの王子テミソン（この人物については詳細不明）に宛てて書いた書簡体のものという説（Stob. IV.32.21〔Walzer, Ross fr.1, DüringB1〕）と、本来、対話体で（対話篇として）書かれていたものを、イアンブリコスが講演ふうのものに書き改めるさい、とり残したものとみる両説がある。

（3）テクスト（80.24-25）の扱いについて異論がある。ここではDes Placesに従い、tōi（F）をhē（Kiessling）に替えて読む。他にtōi kata phusinとgenesisの間に欠落部分を想定し、たとえば〈enation hē ūn kata phusin〉を補足するVitelliに従って解する読み方がある（Walzer, Ross, Düring, Gigonはこの解釈を採る。Pistelliは空白のままとする）。このVitelli案に従えば「（自然に反した生成は悪しきものであり）そして自然に則したものの反対であるとするなら」となり、「したがって、自然に則した生成は何かのために生じてくる」となる。

（4）81.5-6の補足文（Vitelli）を採らない。

（5）二ヵ所の〈 〉（Zuntz）（81.12）を削除し写本のままとする。また81.18の〔 〕（Pistelli）を除去し、〈 〉（Pistelli）も採らず写本のままとする。

（6）ピュタゴラス（Pythagoras　前五三〇年頃）　前五七〇年頃、小アジア沿岸の島サモスに生まれた。前五三〇年頃、ポリュクラテスの僭主政を避けてイタリア南部のクロトンに移り、その地に二十年ほど留まったが、のち政治的動乱のため同じ南イタリアの地メタポンティオンに逃れ、その地で没した。彼を含めて最初期ピュタゴラス派の人びとが著作しなかったこと、彼らの間で教義の秘密が実践されたことなどのために、ピュタゴラスの実像を直接知ることは困難である。しかし彼ときわめて近い時代の人たち、クセノパネス（前五三〇年頃）、ヘラクレイトス（前五〇〇年頃）、エンペドクレス（前四五〇年頃）、ヘロドトス（前四五〇年頃）らの貴重な証言からすると、第一に彼が大知識人であったこと、それも自然哲学・宇宙論を中心とするイオニア的学問研究に通じた人物であったこと、第二に彼が魂の転生、魂の不死の思想をもち、第三に、おそらく宗教結社とも呼ぶべき信奉者の集団が彼のまわりに結成されていたことをうかがわせる。

ピュタゴラスに代表される初期ピュタゴラス派の基本的な主張点は、ほぼつぎのようにみることができるだろう。宇宙全体が「秩序」（kosmos）として存在すること、そしてそれは数的比例関係を通じてはじめて理解されること。また神的な宇宙・天体の示す秩序と調和に、私たちは、自己自身——それは私たちの肉体の中にある、汚れ損なわれた魂である——を、可能なかぎり似せることで、それを浄化しなければならない。数比を内実とする宇宙の秩序を積極的に理解し、観照することで私たちの魂そのものの本来具現すべき調和と秩序を回復させるべきである。

（7）本書において、理知による認識の対象が何であるとみられているかは重要な問題であるが、必ずしも明確ではない。ここではその対象として「宇宙であるか、あるいはなにか別の自然であるか」(82.13-14)とあるが、これと同似の表現にはつぎのようなものがある。(ⅰ)自然と真理(84.1-2, 84.25-26)、(ⅱ)自然と神(81.11-12)、自然と神的なもの(85.20-21)、(ⅲ)原初のもの(第一原理)と他のなんらかの自然(69.15-16)。さらに自己の生の原理をつなぎとめる基礎としての「永遠にして不変なもの」(85.22)をもあげておきたい。自然と真理、自然と神などの表現はいずれも自然という真理、自然としての神を意味するものと考えられる。また、原初のものそのものを模倣する哲学者は原初のものの観照者(85.7-8)と語られているが、原初のものそのものが自然あるいは宇宙、あるいは真理と同一同等のものとみられていることを推測させる。Düring は自然は「自然という秩序」、そして神は真理あるいは自然、宇宙の人格的表現とみる。

　自然は、大工が墨縄を自然から獲得する場合と、すぐれた政治家が「何が正しいことか」の基準を自然そのものから獲得する場合の両面、つまり水や光などの物理的自然現象と自然現象を超えた観念を意味するといえるが(Lloyd)、哲学知の対象としての自然は「原初のものそのもの」(85.4)「厳密なものそのもの」(85.7)とも表現されていて、明らかに後者を意味するものと考えられる。しかしその「厳密なものそのもの」がプラトンの言うイデアとしての原型を内容とするものであるかは明らかでない。

(8)ここでの魂の徳は、勇気、節制、正義などの倫理的徳を意味すると思われるが、本書では倫理的徳についての整理された考え方はみられず、知性的徳としての理知とのかかわりもほとんど説明がない。

(9) プラトンの『ゴルギアス』(523B, 526C)、『国家』(519C)、『メネクセノス』(235C)、『饗宴』(179E-180B) にも「幸福な人びとの住む島」の事例が示されている。プラトンでは、死後に赴くところとみられている。

(10) 理知による観照の生のみが「自由な生」とする見方は、アリストテレスの『形而上学』にもみえている。「明らかにわれわれは、他のなんらかの利益のために理知を追求しているのではない。自分自身のために生存しているのであり、他の人のために生存するのではない人をわれわれは自由の人と呼ぶように、まさにそのようにこの知を、もろもろの知識のうち唯一自由な知として追求するのだ」(1.982b24-27)。

(11) 明らかにアリストテレスは、この比喩の中で「見物 (thea)」と「観照 (theōria)」、「観る (theōrein)」をかけて語っている。

(12) 菜食の神、ワインの神でもあるディオニュソス神の祭り。そこでは行列のほかに抒情詩の合唱や演劇の競技会が行われ、演劇の人気が高まると、どの地方でも設けられるようになった。アテナイでは大ディオニュシア祭 (春)、小 (田舎の) ディオニュシア祭 (秋)、レナイア祭 (冬)、アンテステリア祭 (初春) と、四度のディオニュシア祭が催された。大ディオニュシア祭では、アクロポリス東南麓のディオニュソス劇場で悲劇と喜劇が上演された。

第五章（X）

〔だがしかし、じっさい観照的理知はわれわれ人間の生に対して最大の利益をもたらすものでもあるということは、もろもろの技術から容易に見てとることができるだろう。〕(84.7-9)［前言］

なぜなら、すぐれた医者のすべてが、また体育術の専門家の大部分が、すぐれた医者や体育家になるためには、自然について経験を積む者でなければならないということに、ほとんど意見を同じくしているが、それと同様に、すぐれた立法家も、自然についての経験を、しかも先の人たちよりもはるかに多く積む者でなければならないからだ。というのも、先の人たちはたんに身体の卓越性をつくり出す人たちであるのに対して、後者は、魂のもろもろの卓越性にかかわり、また国家の幸、不幸に関して教える権限をもつ人たちであるから、さらにいっそう哲学を必要とするからである。(84.9-19)

そのわけは、他の制作的な技術において、その最善の道具は、たとえば建築術において、墨縄や物差しやコンパスがそうであるように、自然の中から見出される――あるものは水とともに、他のものは光や太陽光線とともに把握されたものだ――のであり、われわれはこれらを基準として、われわれの感覚にとって十分に真直ぐであり、なめらかな面であると思われるものを吟味するのだが、それと同じように、政治家もまた、何が正しいか、何が立派か、何が有益かを、それに照らして判断するなんらかの基準を、自然そのもの、すなわち真理から獲てもっていなければならないからだ。建築術において、これらの道具が他のすべての道具にまさっているように、法についてもまた、自然に最もよく則して立てられたものこそが最善の法だからである。しかし、こうしたことは、これまで哲学することもなく、真理を認識するにいたっていない人には、とうていなすことはできないのだ。(84.19-85.2)

しかもまた、他のもろもろの技術においても、人びとは、彼らの道具や最も厳密な計算を、原初のものそのものから獲得することによって、概略知っているというのではけっしてない。彼らは、それらの道具を［原初のものから］、第二次的、第三次的なもの、ないしさらに遠く離れたものから得ているのであり、彼らの理論を経験から得ているのである。厳密なものそのものを模倣[1]することは、すべての人びとのうち、ただ哲学者だけに許されている。なぜなら、哲学者は原初のものの観照者であって、模造物の観照者ではないからだ。（85.2-9）

したがって、物差しや、その他この種の道具を使わずに、［自分のつくる建物を］他の建物にただ近似した形でつくるような建築家がけっしてすぐれた建築家ではないように、おそらくは他の人びとの行為や他[2]の国々の国制——スパルタのであれ、クレタのであれ、あるいはその他の国々のであれ——に目を向け、それを模倣することによって国の法律を定めたり、自分自身の行為を行ったりする人は、けっしてすぐれた立法者でもなければ、立派な人間でもない。なぜなら、美しくないものの模倣物が美しくあることはできないし、またその本性において神的でも永続的でもないものの模倣物が、不死であり永続的であるはずはないからだ。そしてすべての制作者たちの中でただひとり哲学者の立てる法のみが永続的であり、その行為のみが正しく立派であることは明らかである。というのは、ひとり哲学者のみが自然と神的なものとに目を向けつつ生き、あたかもすぐれた舵手のように、自己の生の原理を永遠にして不変なものへとつなぎとめてから先に進み、[3]自己に則して〔自己自身の主人として〕生きるからだ。たしかにこの知識は観照的なものではある。しかしそれはわれわれに、それに則して、あらゆるものを制作する力を与えてくれる。というのは、ちょうど視覚が何物をもつくり出したり形づくったりすることなく（その唯一のはたらきは、見られうるものの一つ一つを見分け、それを明らかにすることだから）、むしろわれわれがそれに則して何事かを行為することを可能にし、われわれの行為にとって最大の助けとなるものだが（というのも、もしそれを欠いていたとすれば、われわれはほとんどなんの動きもすることができないから）。(85.9-86.5)

〔それと同様に、この知識は観照的なものではあるが、それにもかかわらずわれわれはそれに則して無数のことを実践し、あるものを選び取り、あるものを避け、そして全体として見れば、それによってすべての善いものを獲得していることは、明

らかである。」（86.5-9）［後言］

訳注

（1）プラトンも『国家』において技術職人の「模倣」による制作について語っているが、寝椅子づくりの職人はまさに「寝椅子であるところのものそのもの」（原型）を直接模倣することで制作するとされ（10.596B）、この点でアリストテレスの考えるところと大きく異なる。ただし、この制作された寝椅子を模倣することで描く画家は、写されたものをさらに模倣する者――実在から遠ざかること第三番目の作品を産み出す者――と語られ、この種の模倣者の例として詩人、悲劇作家があげられている（10.597D-E, 660E）。

（2）プラトンの『法律』はクレタ島が舞台となっていて、プラトン自身と思われる「アテナイからの客人」と対話相手のスパルタ人メギロスとクレタ島のクノソスの市民クレイニアスの間で話がかわされる形になっている。いずれもすぐれた国制や法律をもつとする世間の高い評価がこの対話篇の背景にある。両国の法律は「兄弟の法」（Leg.3 683A）と呼ばれ、クレタとスパルタは並べて語られるのが常であった。アリストテレスも『政治学』の中でスパルタとクレタの国制などについて詳細な説明と批判を行っている（Pol.2.9,10 など）。

（3）第一章（VI）で、理知ある人こそ善いものについての基準と尺度をもつ唯一の人（69.29-70.3）と語られていることも、「自己に則して生きる」人のもう一つの表現とみてよいだろう。

第六章（XI）

〔さて、知性に則した生活を選び取った人たちはまた、最も楽しく生きることになるということは、つぎの議論から明らかになるだろう。〕(86.10-12)［前言］「生きる」という言葉には二通り(1)の意味があって、一つは可能性との関連で、他は活動性との関連で用いられているように思われる。というのも、われわれは、視覚をもち、生まれつき見る能力のある動物――たとえ彼らがたまたま目を閉じていたとしても――と、その見る能力をじっさいに用いていて、何かを現に見ている動物との両方を「視力のある」動物であるというからだ。知ること、認識することについてもこれと同じで、一つには、現に知識をはたらかしている、観照しているという意味で、また一つには、知る能力をもっている、知識を所有しているという意味で用いている。そこで、もしわれわれが生きていることと生きていないこととを、感覚するか否かによって区別し、また感覚することに二通りの意味があって、本来的な意味では感覚を現に用いていることを意味するが、他の意味では感覚を用いる能力があることを意味する（われわれが眠っている人のことをさえ、感覚するというのはこのためである）とするなら、生きるという言葉もまた二通りの意味をもつことになるのは明らかだ。すなわち、目ざめている人が、真の、そして本来的な意味で生きる、と言われるべきであり、他方眠っている人は、そのような活動――その活動のゆえに、彼は目ざめていて、そして何かを感覚しつつあるとわれわれは言う――へと移りゆく能力をもっているという理由で、生きると言われるべきだ。われわれがその人を生きているというのは、このような理由によって、またこの点に注目することによってである。(86.13-28)

したがって、ある一つの言葉が二つのもののどちらをも意味するが、そのうちの一方が、現にそのはたらきをしていること、あるいはそのはたらきを受けていることによって、そう呼ばれている場合には、われわれはそのものにこそ、よりいっそうその名を用いることになるだろう。たとえば、「知っている」という言葉は、たんに知識をもっている人についてよりは、むしろ知識を現に用いている人たちについて、また「見る」という言葉も、たんに視覚をはたらかす能力をもつ人よりは、むしろ現に視覚をはたらかしている人について、よりいっそう用いることになるだろう。なぜならわれわれは「よりいっそう」という言葉を、ただ一つの定義の下に入る事物について、「より大きな程度で」という視点からだけでなく、「より先なるもの、より後なるもの」という視点からもまた、用いているからだ。(3) たとえば、われわれは、健康それ自体のほうが、健康のためになるものよりも、よりいっそう善いと言うし、またそれ自体の本性によってそれ自体として望ましいものは、それをつくり出すものよりも、よりいっそう善いと言う。もっとも、「他のもののために」役に立つものと、「それ自体として善である」卓越性のどちらも善いといわれるのは、その善いという言葉の定義によって両方に述語として用いられているのではないことを、われわれは知ってはいるが。だから、われわれは、目ざめている人のほうが眠っている人よりも、また魂を活動させている人のほうがただそれをもっている人よりも、よりいっそう生きていると言わなければならない。後者もまた生きている、とわれわれが言うのも、前者に照らしてのことであり、その理由は彼が

このような仕方ではたらきを受けたり、はたらきをする能力をもつ者だからだ。(86.28-87.15)

さて、どんなものであれ、それを用いるということは、このようなことである。もし能力がただ一つの物事に対してある場合には、人はまさにそのことをなす時に、またもし能力が数多くの物事に対してある場合には、それらのうち最善のものをなす時に、それを用いることになる。たとえば、笛についても、人が笛を用いるのは、たんにそれを吹く時のことか、それとも特別の仕方で吹く時のことか、のどちらかだ。このことは他のもろもろの場合についてもおそらくあてはまるだろう。そこでわれわれは、ものを正しく用いる人は、それをよりいっそう用いているというべきである。なぜなら、ものを見事に、また正確に用いる人にこそ、そのものの本来の目的やその用い方の本来の方式はふさわしく備わっているからだ。ところで、魂のはたらきは、それが唯一というのであれ、すべてのものの中で最もすぐれたものというのであれ、思考することと推理することである。したがって、正しく思考する人は、よりいっそう生きているということ、最も深く真理に到達する人は最も生きているということ、またこのような人こそ理知ある人であり、最も正確な知識にもとづいて観照する人であるということは、いまや誰にとっても単純容易に推論することができる。そして、完全に生きるということは、このような時にこそ、そしてこのような人、すなわち理知をはたらかしている人たち、すなわち理知の人にこそ帰せられるべきである。（87.15-88.1）

ところで、生きるということがすべての生物にとって、存在すると同義であるとするなら、理知の人は最高度に、しかも最[4]も厳密な意味において、存在すること、そして、その人が現に活動していて、現にすべての事物の中で最もよく知られうるものを観照しつつある時、その時こそ、どのような時にもましてそうである、ということは明らかだ。だがまた、完全で、何物にも妨げられることのない活動は、それ自身の内に楽しさをもっている。したがって観照の活動は、あらゆるものの中で最も楽しいものだろう。（88.1-8）

さらにまた、飲みながら楽しむことと、飲むこと自体を楽しむということは別である。なぜなら、のどが渇いていない人でも、自分好みの飲料を供されていない人でも、飲みながら楽しんでいるということは、何の不都合もないことだから。それは、飲むことそれ自体のゆえに楽しんでいるからではなく、その人が［飲んでいるその時に］たまたま何かを見ることによって、あるいは彼の座っている姿を見られることによって、楽しんでいるのだ。したがって、われわれは、この人は楽しんでいる、飲みながら楽しんでいる、と言いはしても、しかし、飲むことそのことを理由として、あるいは飲むことそれ自体を楽しむということを理由として言うことはないだろう。これと同じように、歩くこと、座ること、学ぶこと、その他いかなるはたらきであれ、それを楽しいとか、苦しいとか言うのは、それらの活動をする時に、たまたま苦しんだり楽しんだりするからではなく、これらの活動それ自体によって、われわれすべてが苦しかったり、楽しかったりするからだ。同様に、生についてもまた、その生の現にあることそのものが、その生を有する人にとって楽しいものであるような場合に、その生を楽しいもの、とわれわれは言う。そして、生きている間に、たまたま楽しい思いをするといった人たちのすべてが、生を楽しんでいる、とはわれわれは言わないのであって、生きていることそれ自体が楽しいものであるような人、生からもたらされる楽しみを喜んでいる人、このような人たちだけを、われわれは、生を楽しんでいると言うのである。(88.8-21)

こうして、われわれは、眠っている人よりも目ざめている人に、理知なき人よりも理知をはたらかす人に、生きているということをよりいっそう帰属させるのであり、また生からもたらされる楽しさは、魂をはたらかすことからくる楽しさであるとわれわれは言う。というのも、これが真に生きるということだから。ところで、魂に多くのはたらきがあるとしても、それらすべての中で最も本来的なものは、最も高度に理知をはたらかすことである。こうして、理知をはたらかすことと観照することから生じる楽しさこそ、唯一の、あるいはすべてにまさる、生きることから生じる楽しさでなければならないことは明らかだ。楽しく生きることと真の喜びを感じることは、したがって、哲学する人びとにのみ、あるいはすべての人びとにまさって彼らに属している。(88.21-89.1)

〔なぜなら、最も真なるもろもろの知性の活動、すなわち最も高度に存在するものによって満たされ、その中に与えられた完全性を確固としてつねに保持する活動、その活動こそは、あらゆるものの中で、喜びを生み出すのに最も大きな力をもつものでもあるからだ。それゆえ、真実の、そして善き楽しさを喜ぶことそれ自体のためにもまた、心ある人は哲学すべきである。」(89.1-6)［後言］

訳注

（1）一般に「可能性と現実性」と訳されている概念はアリストテレス哲学にとって最も重要なものの一つである。知る能力がある（dynamis）、つまり知識をもっていること（ktēsis）と、それを現に用いていること（chrēsis）の対照がこれまでにも示されてきているが（第一章（VI）、第六章（XI））、この用語と考え方はプラトンを継ぐものといえる。本書の中では「用いる」のかわりに時に「活動する、はたらく」（energein, energeia）の語が使われて、この点でプラトンと異なる。しかしこの新語 energeia（本書では第二章（VII）、第六章（XI）に合計七回使用されている）はこの時点では「用いる」と互換的に用いられる以上の意味をもってはいず（energeia はまた「動き、運動、はたらき」としての kinēsis とも同義の語として用いられている。第六章（XI））、アリストテレスの後の思想の可能性（態）と現実性（態）の理論の第一歩を示すにとどまっている。後期理論の詳細については『形而上学』第九巻を参照。

（2）Des Places は dia-bleponte(s)（86.27-28）に［ ］を付すがそれを除去し、写本のままとし、直前の文にかけて読む（Ross, Düring。Pistelli, Walzer, Gigon は後の文にかける）。

（3）この二つの視点は「より大きな程度で」と「より真なる、厳密な意味で」の二つと読みかえることができる。絶対的な意味での「善いもの（健康）」は比較相対的な意味でそうであるもの（健康食・健康用具）より「いっそう」（厳密な意味で）善い、と言われ、また「活動的に生きているもの」（これが「生きる」という言葉の第一義的な、厳密な意味である）は「可能的に生きているもの」よりも「いっそう」（厳密な意味で）生きている、と言われる。

（4）「真に、厳密な意味でXであるもの」と「最高度にXであるもの」を同一のものとする見方は、プラトンにもしばしばみられる。一例をあげる。哲人君主は僭主（独裁者）よりも七二九倍だけいっそう楽しい生を送るだけでなく、真実の楽しみをもつ、と語られている（『国家』9.587D-E）。七二九という数字は昼三六四½、夜三六四½を合わせたものであり、ここでは生涯の毎日、夜を生の限りをつくして快楽の生を過ごすことを意味するものとみられる。七二九の数は最高限度を象徴する。最も高度の快は真実の、厳密な意味での快楽でもある、とされている。

また「よりいっそう」についてもプラトンに「よりいっそう（真の、厳密な意味で）」と「よりいっそう（高い程度で）」の二種類が用いられている。（『国家』9.585A-586C）

第七章（XII）

〔だが、もしわれわれが、幸福を構成するもろもろの要素にもとづいて、右の結論を引き出すだけでなく、いっそう高い見地、幸福というものの全体的あり方にもとづいて、同じ結論を導き出すべきだとするなら、われわれは、つぎのように明確に主張しよう。哲学することは幸福に対して深いかかわりをもつが、そのように哲学することはわれわれの善さあり方（人柄）あるいは悪しきあり方に対しても同じかかわりをもつ、と。〕（89.7-11）［前言］

というのは、どのようなものであれ、すべての人の望むべきものは、かのもの［幸福］に向かわせるものか、あるいはかのものが原因でそれに伴って生ずるものか、そのどちらかであり、また、われわれを幸福にしてくれるもの、そのあるものは必要なものであり、あるものは楽しいものだからである。こうしてわれわれは、幸福を理知、すなわちある種の知恵、あるいは徳、あるいは至高の喜び、あるいはこれら全体をあわせたもの、とする立場にある。そこで、もし幸福は理知であるとすれば、幸福に生きることは、明らかに哲学する人びとだけにあることになるだろう。また、もし幸福は魂の卓越性〔徳〕あるいは楽しさであるとすれば、幸福に生きることは、この場合にもまた、哲学する人びとだけに、あるいは、すべての人びとにまさって、あることになるだろう。というのは、われわれの内にあって最も支配的なものは卓越性〔理知〕であり、また理知は、一つ一つと比較してみても、すべてのものの中で最も楽しいものであるからだ。同様に、もし人がこれらすべてをあわせたものがまさに幸福であると主張するとしても、幸福は理知をはたらかすことであると、定義されなければならない。だから、それをなすことのできる人は誰もが哲学すべきである。じっさい哲学することは、完全によく生きることであり、あるいは端的に言って、われわれの魂にとって、あらゆることがらの中で、〔よく生きることの〕最大の原因であるからだ。(89.11-25)

〔しかし、この世にあっては、おそらく、われわれ人類のあることが自然に反するものであるゆえに、何かを学び、探究することはきわめて困難であり、また自然本来の才能を欠き、また自然に反する生のゆえに、われわれは何かを感覚することとさえもきわめて困難なのである。だが、もしわれわれが解放されたそのもとのところに再び救済されることができるとするなら、われわれすべてが、これらのことを、いっそう容易に、いっそう楽しく、為すであろうことは明らかである。というのは、今日、われわれは真に善きことをおろそかにし、日常必要なことばかりを為しつづけているからだ。そして大多数の人びとによって最も幸福なものとみられている者たちはとりわけそうである。だが、もしわれわれが天上の路をとり、われわれ自身の生をわれわれの伴侶たる星辰に置くなら、そのときは、われわれは哲学することになるだろう、真に生きつつ、また美しさの点でその描写を超えている光景を観察し、魂の目を真理に向けて動ずることなく固定しつつ、また神々の支配を観察し、観照することから喜びと楽しさをつねに感じとり、すべての苦しさから離れて、快楽を覚えつつ。こうすることで、われわれは、あらゆる類の幸福に近づくことによって、哲学することがわれわれのためになることを発見する。したがって、哲学することは、最も善きこと、われわれにとって最もふさわしいこととして、そ

れに確固として参加する価値があるのだ。」(89.26-90.15)[後言]

イアンブリコスによる付加文に関する注

（以下の文中〈 〉は注解者による補足を、［ ］は削除を示す）

第一章（Ⅵ）

前言の冒頭部（67.20-21）は、イアンブリコスがプラトン最後の大作『法律』での言葉から示唆を受けて成ったものとみられている。モデル国家の建設（言論の上での建設である）にあたり、その入植者たちへの呼びかけがなされ、プラトンの分身とみられるアテナイからの客人は市民生活の原則を示すことになるが、そのさい神と関係のある部分についてはほぼ語り終えたが、人間的側面についてはまだ語っていないとして、つぎのように述べている。「私たちの話している相手は人間であって、神々ではないのだから」（5.732E）。「政治的・実践的な生への忠告を混ぜる」ことは、この章ではほとんどなされていない。じっさいになされるのは第五章（X）においてである。

前言

Ross4（W4）　この前言部分（67.20-23）をアリストテレス『哲学のすすめ』の真正文として

採らず、その最終行「ではこのように語ることにしよう」（23）から始めている。
Düring　この前言をすべて真正文とはみず、［　］（B7）に入れ、さらにつづく部分（67.23-68.3）をも［　］（B8）に入れる。いずれもイアンブリコスの手になるものとみる。Flashar　67.20-23（〔B7〕）だけでなく、67.23-68.3（〔B8〕）をもアリストテレスの言句とみる。

つなぎ（1）（68.14-21）

　Rose 52　68.18 から始める（68.18-21）。

　Ross5（W5）すべて真正文として採る。Düring　68.14-18 までをイアンブリコスの要約とみて［　］（B31）とし、18-21 を採る（B32）。Flashar　68.18-21（B32）をイアンブリコスの文とみる。

つなぎ（2）（69.20-24）

　Ross5（W5）すべて採る。Düring 採る（B37）。Flashar　アリストテレスの文とみるが、『哲学のすすめ』からのものかについては疑問ありとする。

つなぎ（3）（70.20-23）

　Ross5（W5）、Düring 採る（B54）。Flashar　この部分だけでなく、70.14-71.2（B53-55）をアリストテレスの文とみることに疑問ありとする。

後言（71.9-12）

　Ross5（W5）、Düring 採る（B57）。Flashar　アリストテレスの文とみる。

なお、つなぎ（1）は獲得の可能であること、（2）はきわめて善いもの、有益なものであること、（3）は他の善いものの獲得に比べて容易であることを教示しているが、後言で再び（1）（2）（3）の順で確認されている。

第二章（Ⅶ）

前言（71.13）

　Ross6（W6）採らず。Düring 採る。ただし位置を変更している。Flashar　アリストテレス原文の、イアンブリコスによる上塗り文とみる。

つなぎ（74.7-9）

　Ross7（W7）採る。Düring 採る（B72）。ただし彼はこの部分を74.9-19（B71）の後に移動させている。Flashar　アリストテレス原文の、イアンブリコスによる凝縮文とみる。

後言（75.8-13）

　Ross7（W7）、Düring 採る（B73）。Flashar　アリストテレスの文とみる。

第三章（Ⅷ）

前言（75.14-16）

　Ross9（W9）採る。Düring 採る（B97）。ただし「共通見解」は［　］とする。Flashar　イアンブリコスによる橋渡し的言句の可能性もあるとする。

つなぎ（1）にもみられる「共通見解」（koinai ennoiai）の表現はアリストテレス著作集にはみられず（彼の用いる表現は一般にendoxaであり、他にkoinai doxai, legomenaなど）、ストア派由来の用法とみる見解もある。

つなぎ（1）(75.25-76.2)

Ross9（W9）採る。Düring 75.23-76.5までを採る（B99）。Flashar　イアンブリコスによる凝縮文の可能性もあるとする。

つなぎ（2）(76.26-29)

Ross9（W9）採る。Düring 76.17-29までを採る（B102）。Flashar　アリストテレスの文とみる。

つなぎ（3）(77.12-13)

Ross10a（W10a）採る。Düring 77.12-19までを採る（B104）。Flashar 77.12-79.6（B104-111）部分を、アリストテレスの公開的著作の一つ『エウデモス―あるいは魂について』にあったものとみる。

後言（79.3-6）

Ross10c（W10c）、Düring採らず。Flashar　イアンブリコスの文とみる。

この第三章（Ⅷ）については注目すべき点がある。Düringは、イアンブリコスが原文の配置には必ずしも忠実ではなく、彼がこの第三章（Ⅷ）にアリストテレス『哲学のすすめ』の結論部分を移し替えたとみて、Düring 自身、そのように『哲学のすすめ』の構成を組み替えている。この第三章（Ⅷ）は本来最終章（Ⅻ）としてあったもの、と言うのである。アリストテレスの『哲学のすすめ』に関する最も重要な貢献者の一人とみられる彼の見解はアリストテレス研究者たちの間で広く受け入れられている。しかし、この問題は必ずしも確証の伴うものではなく、一つの見解として受けとめるべきであろう。原本がすべて残されているプラトンの場合、イアンブリコスがその引用にさいして文章の前後を変えることは一切行っていない実態はプラトン引用部分全七章を通して私たちにも十分確認することができるからである。近年は Düring の見解について疑義を抱く者も出ている。ここでは、イアンブリコスの提示する形でよむ。

第四章（Ⅸ）

前言（79.7-8）

　Ross11（W11）採らず。Düring［　］（B10）とし、Flashar もイアンブリコスの文とする。

後言（84.2-6）

　Ross12（W12）採らず。Düring［　］（B45）とし、Flashar もイアンブリコスの文とする。

第五章（Ⅹ）

前言（84.7-9）

Ross13（W13）採る。Düring 採り、84.7-19 部分を B46 とする。Flashar アリストテレスの文とする。

後言（86.5-9）

Ross13（W13）採る。Düring 採り、85.23-86.9 部分を B51 とする。Flashar アリストテレスの文とする。

第六章（Ⅺ）

前言（86.10-12）

Ross14（W14）、Düring 採る（B78）。Flashar イアンブリコスの文とする。

後言（89.1-6）

Ross14（W14）採る。Düring 89.4-6 部分を［ ］（B92）とする。Flashar イアンブリコスの文とする。

第七章（Ⅻ）

前言（89.7-11）

Ross15（W15）採る。Düring 89.7-11 部分にさらに三行を加えて 89.7-14 までを B93 として採る。ただし、イアンブリコスによる原文の凝縮文とみる。Flashar イアンブリコスの文とする。

後言（89.26-90.15）

この後言がどこから始まるか（第七章（Ⅻ）がどこで終わるか）について論議がある。Ross15（W15は89.22までを採る）89.22-90.2までを真正文として採る。Düring 89.25までを採る。

Düringは、この89.26-90.15部分は、その内容、用語からみてもプラトン、アリストテレスの手に成るものとは考えられず、イアンブリコス自身の文とみる。たしかに「われわれ人類のあることが自然に反するもの」（89.26-27）という見解がプラトン、アリストテレスの思想にあるとは考えられない。ただこの後言のあとにつづく、七つの章はすべてプラトンからの引用抜粋によって成り立つ部分であり、その冒頭の章（ⅩⅢ）はほとんど『パイドン』（64A-E, 65A-67D, 68C-69C, 82B-84B, 107C, 114C）からの引用で満ちている。しかもイアンブリコスがまず初めに引用する文章は「真に哲学を求める人たちは、ほかでもなくただ死にいくことを、そして死にきることを、みずからのつとめとしている」（64A）である。イアンブリコスがいささか先走りして、しかも新プラトン派・新ピュタゴラス派的思想をつけ加えることで――「天上の路」などの表現は明らかにこの派のものである――、つぎのプラトンによるプロトレプティコス部分への橋渡しを試みた、とも考えられる。いずれにしてもこの「後言」は各章に付せられているものの域を逸脱したものではある。Flashar 89.26-90.15部分は、第二章（Ⅷ）77.12-78.5（B104-6）部分の趣旨に近いものがあり、イアンブリコスの深い関与は疑いえないとする。

解　説

1　読者とともに

すでに一読された読者は、つぎのような声をくりかえし聞かれたことだろう。

「われわれは哲学すべきである」(philosophēteon)

全七章から成るこの書物の中で、第一章で二回、第二、第三章そして最後の第七章でそれぞれ一回、都合五回にもわたってこの声は高く響いている。しかし、このすすめの声はただ一方的にわけもなく強制する声ではない。第一章での声をもう少し詳しく聞いてみよう。

したがって、われわれが政治に正しくたずさわり、われわれ自身の生を有益に過ごそうとするなら、われわれは哲学すべきである。

もう一つの声は言う、

判断の正しさをもち、理性を用い、完き善を観照する知識——これこそ哲学にほかならない——だけが、すべてのものをそれぞれの本性に則して使用し、また命令を与えることができるとすれば、われわれは、あらゆる手段をつくして哲学すべきである。

この書物の最終章での声を最後に聞いておこう。

だから、それをなすことができる人は誰もが哲学すべきである。じっさい哲学することは、完全によく生きることであり、あるいは端的に言って、われわれの魂にとって、あらゆることがらの中で、［よく生きることの］最大の原因であるからだ。

すでによく了解されるように、アリストテレスは、たんに強制的に、あるいはわけもなくすすめるのではなく、哲学することの善さ、有益性、そして楽しさについてその理由を説明することで、もう少し言うなら、彼の哲学の方法、推論によって「証明する」ことで、哲学することを勧告しようとしているのである。

しかし、とりわけ哲学というものに特別の関心も知識ももっていなかった一般の人たちがこの声を聞いただけで、哲学に強い関心を示し、それに取り組もうとすることは稀なことだとみなければならない。アリストテレスもそのことはよく承知している。

哲学などというものを、（1）われわれは修得し獲得することができるのか。（2）それは有益で善いものであるのか。（3）それにまた獲得できるとしてもそれは容易であるのか。「哲学すべきである」の声を聞いても、そして私たち一般の人びとがなんらかの関心をもったとしても、不安の思いは右のような疑問となって発せられて不思議はないだろう。

第一章でアリストテレスは右の（1）（2）（3）三つの疑問点をあげ、これに答えることで、哲学のすすめを実行しようとする。ただし、この（1）哲学という学知の獲得の可能性（2）有益性（3）容易性はけっしてアリストテレス独自の着眼点ではない。この三点は当時の弁論家たちが物事の勧告などにあたってよく用いたトポス（弁論術、弁証術の用語で、論拠、論点を表す）でもあったとみてよいだろう（「すすめ・勧告」のトポス）。

まず（2）有益性について、彼がどんな説明を与えているかをみておこう。

私たちの生活を支えてくれるもの、たとえば身体や身体に属するさまざまなものは、一種の道具として支えてくれるが、それらをいかに正しく用いるかが重要なこととなる。したがって私たちにはこの知識の獲得とともにその適正な使用が強く望まれるのである。これを政治の場に移しても、私たちが政治に正しくたずさわり、私たち自身の生を有益に過ごそうとするなら、哲学という知が同じように望まれることになる。

では最初にあげられていた、それを学びわがものとすることはできるのか（1）について、彼はどのように答えるのか。哲学というものになじみの薄かった人たちに対してアリストテレスはかなり気をつかい、いわゆる専門用語を使うことは避けるよう努めてきているが、この問いに対しては専門用語をいくぶん交えてでも解答しようとしている。

アリストテレスの考える哲学という学知には、二つの領域、つまり正しいこと、有益なことについての知識と、自然や実在に関する知識が含まれていることを私たちも承知しておこう。この二領域を含む哲学という知を私たちは十分獲得可能だと言うのである。彼はこのことを説明するにあたってまず第一歩として原則（イ）と原則（ロ）の二つを示す。まず原則（イ）をあげる。「より先のもの（A）はより後のものよりもいっそう知られうるものである（B）」。そしてさらにこの原則を、彼が本文中で主張する二つの点を大前提と小前提とすることで、いわゆる三段論法（推論）を用いて証明する。

（大）原因（C）は結果よりもいっそう知にかかわりをもつ（B）。
（小）より先のもの（A）はより後のものよりもいっそう原因である（C）。

原則（イ）は、この三段論法から得られた結論である。

C＝B
A＝C
A＝B

いささか専門用語交じりの説明文でわかりにくい点があるが、まず「よりいっそう先の（proteron, prior）」「よりいっそう後の（husteron, posterior）」というのは、時間などの観点からではなく、実体の観点からそう呼ばれていることを知っておこう。あるものは他のものがなくても存在することができるという意味で「より先のもの」であるが、他のものはこのものなしには存在することができないという理由で「より後のもの」とされると解してよいだろう。この例示として、「数（点）が取り除かれれば線が、線が取り除かれれば面が、面が取り除かれれば立体が取り除かれる」があげられている。面は立体よりも、線は面よりも「より先のもの」である。面のあることによってはじめて立体は存在するからである。立体はその存在を面に依存しているのである（「よりいっそう」のトポス①）。

さらに、この原則（イ）を証明するための、大前提となる「原因は結果よりもいっそう知にかかわりをもつ」についてもいくらかの説明が必要だと思われる。ここにはアリストテレスの師プラトンの思想がその背後にある。真理、知的明るさに関与することの程度がより大きいものほど、存在論的位置は高く、さらに真理、知的明るさそのもの（プラトンの言うイデア）、そしてそれに近似のもの（魂）は真の「原因」でもある、とされているとみられるからである。たとえば『ピレボス』（30E）では、「知性は万物の原因」と語られ、知性は宇宙的な秩序を作り季節や月などのきまりを定めている、と説明されている。

小前提については、この箇所につづく例示によってその意味は明らかであろう。自己の存在が依存するもの（より先のもの）、それが取り去られるなら、自己の存在も取り去られることになる。より先のものは、自己の在ることの「原因」でもある。

さて、ここでもう一度最初の箇所にもどることにしたい。なぜなら、もう一つの原則（ロ）が残っているからである。それは、「より善いもの（D）はその反対のものよりいっそう知られうるものである（B）」であり、この原則（ロ）は原則（イ）とともに同時に示されていたものである。原則（ロ）もまた大・小の前提を立てることでつぎのように三段論法（推論）の形で証明されることになる。

（大）規定され秩序づけられたもの（E）はその反対のものよりいっそう知にかかわりがある（B）。

（小）より善いもの（D）はその反対のものよりいっそう規定され秩序づけられている（E）。

E＝B
D＝E
D＝B

ここでの大・小前提についてもなんらかの説明が必要と思われる。まず大前提の、秩序づけられたものはその反対物よりもいっそう知との関与が深い、つまり真理・知的明るさをいっそう多く分けもつ、という考え方は、その源がプラトンの思想にあることは明らかである。そのことを示す好事例として、学知（知識）の真の対象を「秩序づけられたもの、恒常不変のあり方を保つ存在」とする『国家』（6.500C）の言葉があげられるだろう。

また、小前提「より善いものはその反対のものよりいっそう秩序づけられている」についても、身体について、その秩序づけから生じる状態が「健康」と呼ばれているように、魂について、その秩序づけから生じる状態は「徳」であるとされる示例（『ゴルギアス』504E-C）が参考になるだろう。いうまでもなく、健康も徳もいずれも善いものである。

そして、原則（イ）（ロ）が確立されたあとに、第二の歩みつまり原則（イ）（ロ）

を用いた応用編ともいうべきものがここに展開される。それをみよう。

この原則（ロ）「より善いもの（D）はその反対のものよりいっそう知られうるものである（B）」を大前提（a）とし、「魂（F）は身体よりいっそう善いものである（D）」を小前提（b）とすることで、「魂（F）は身体よりいっそう知られうるものである（B）」ことが結論として証明される。

D＝B
F＝D
F＝B

すでに身体についての学知（体育術、医術）が存在し、人びとの間で修得され、獲得されている以上、よりいっそう知られうるものとしての魂とその卓越性に関する学知が存在し、その獲得も十分可能であることがここに明らかにされている。

同じことは、原則（イ）についても言えるだろう。この原則（イ）「より先のもの（A）はより後のものよりいっそう知られうるものである（B）」を大前提（a）とし、「原因についての知（G）はより後のものについての知より、より先のものである（A）」を小前提（b）とすることで、結論として「原因についての知（G）はいっそう知られうるものである（B）」が得られる。意味するものは明らかであろう。

A＝B
G＝A
G＝B

すでに「よりいっそう後の」経験的なものについての学知や技術が広く修得されて存在することを思えば、それらの学知や技術よりもいっそう知られうるものである原因や原素についての知、自然や実在に関する学知はその修得もまたよりいっそう可能であることになる。これまでにみてきた原則（イ）（ロ）にかかわる二つの証明（ほとんど同時に重なり合う形でそれはなされている）が最終的に何を目標としていたのか、はあらためて説明するまでもないだろう。

アリストテレスにおいて哲学は二つの領域、正しいこと、有益なことについての知識と自然や実在に関する知識を含むもの、とみられていた。このようなあり方の哲学を、私たちはじっさいに修得し、わがものとすることが可能であること、その可能性の道筋をアリストテレスは以上のような手続き——推論——で教示したのである。

さらに容易であることについて（3）、彼はつぎの三点をあげて説明する。私たちの祖先は、さまざまな技術知を哲学の成立するよりずっと以前から発展させていたが、哲学という知識が生まれると、それは短時間のうちにそれら多くの技術知を、厳密さという点で追い抜いてしまった。このことは、哲学知が容易であることの証拠である。また万人が哲学に愛着を感じそれに没頭したいと思う事実は、哲学することの楽しさを示す証拠である。第三に、哲学するにあたっては、いかなる道具も場所も必要とせず、世界のどこにあっても、人が思考をはたらかしさえすればできることを、容易さの証拠としてあげている。

アリストテレスは、「哲学すべきである」ということの理由として三つの問題点を出し、それに答えてきたが、それらの問いと答えは必ずしもすべて核心をついたものとは思われない。たしかにそれは哲学がいかに興味深いか、実生活で重要であるかを示すものではあるが、先に述べたように、これら三つの質問点は弁論術におけるトポスにみえているものであり、一般の人びとのまずもっての関心をひき起こすための導入的なものに過ぎないとみなければならないだろう。私たちが注目すべきアリストテレスの「すすめ」の本格的議論は、この先にあらためてなされることになる。

さて、この議論は第二章以下で展開されることになるが、そのさい議論の全体的枠組みをなすことになると思われる見方を示す冒頭部の言葉を引用しておこう。

幸福に生きることが快楽の内に生きることであれ、徳を身につけることであれ、理知の内に生きることであれ、これらのすべてに則してわれわれは哲学すべきである。というのは、これら［快楽、徳、理知］は、とりわけそして純粋に、哲学することによってわれわれのもとに生ずるものだからだ。

あらためて説明するまでもなく、幸福な生は哲学することで成就されると語られている。「よく生きる」こと、幸福について、アリストテレスはここに伝統的な「三つの生」すなわち快楽の生、政治的生（徳の生）、知性（理知）の生を導入し、幸福な生がこの三つの生のいずれであるとしても、それは哲学することで達成される、としている。

幸福の三つの生は後の重要な作品『エウデモス倫理学』『ニコマコス倫理学』『政治学』の中でも用いられることになる。『哲学のすすめ』の中で彼が哲学を勧告するにあたって、幸福、幸福な三つの生を、その論全体を統括する枠組みとして用いていることは明らかだが、この概念もまた、当時の弁論術の中で用いられていたものといえるだろう（「幸福な三つの生」のトポス）。

アリストテレスも、この著作とほぼ同時期のものとみられている『弁論術』の中で、何事かをすすめたり、思いとどまらせたりする場合には、幸福や幸福に寄与するもの、および幸福に関連づけて論を立てることが有益であると述べている。

というのは、幸福を、あるいはその一部分を生み出すとか、あるいはまた、それの小さなものを大きくするとかして幸福をもたらすものは、これを行うべきであるが、幸福を壊したり、妨げたり、あるいは幸福と反対のものをつくり出すものは、行うべきではないからである。（『弁論術』1.1360b11-13）

『弁論術』のこの考え方は哲学をすすめるこの著作の中でも十分尊重されているといえるだろう。その初めから終わりまで、幸福あるいは幸福な生とのかかわりの中で実践され論じられることになる。ただし一つことわっておきたいことがある。それは『弁論術』では、知性の生は除かれて、快楽の生と徳の生の二つで弁論をなすようすすめられていることである（『弁論術』第一巻五章）。すべての人びとを対象とする弁論術にとって、この二つは誰もが目標とすることに異存はないからであろう。『弁論術』にふれたついでに、これに関連してもう一つつけ加えておきたいことがある。それは幸福は「目的」であるとされていることである。その意味するところは以下のようである。個人の一人一人を見ても、社会としてすべての人を見ても、人には誰にも何か「目的」があり、その目的を目指して何事かを選んだり避けたりする。この目的となるものが、一言で言うなら「幸福」である（『弁論術』第一巻五章）。人間の目指すところのもの、その目的は幸福なのである。その人その人、あるいは社会や国によって幸福の意味するところは異なるとしても、人びとの究極目的を「幸福」と呼ぶことに異議をはさむ人はいないだろう。

第二章の議論の道筋は大きく二つあると思われる。その最初の道筋（a）はつぎのように語られている。

（i）まず、人間においては魂が身体を支配し、そして魂の中では理性的部分が支配し判断し、他の部分（非理性的部分）はそれに従う。この理性的部分こそ「われわれ自身」にほかならない。いかなるものであれ、そのものの内の最も主要な（支配的な）部分がその卓越性を得る時、そのものは立派に秩序立てられたものである。したがって、理性的部分が最も主要なものである人間においては、理性がそのはたらきを最も立派になし遂げることが求められることになる。その理性のはたらきとは何か。（ii）理性にとってその最も主要なはたらきは真理に到達することであり、理性はこのはたらきをひたすら知識によって遂行しようとする。その場合、知識はいっそう高度で完全性の高いものであるほどよいとされる。理性のはたらきの究極目的は真理を観照することである。したがって、私たちにとって魂の最善の状態、完全な知としての理性以外に真理を観照しうるものは存在しないことになる。観照することは理知のはたらきなのである。その理知の知としての性格、本性は何であるのか。

（iii）理知はいわゆる制作にかかわる知識ではないことを知っておく必要がある。もし理知がもろもろの徳（正義や勇気）や幸福をつくり出す知識――建築術が人びとの生命と財産の保全を目的とする家をつくり出すように――だとすれば、その場合、徳や幸福はその目的ということになってしまい、理知それ自身よりいっそう善いものとなるだろう。目的はそれをつくり出す知識よりもいっそうすぐれたものだからである。しかし（ii）で見てきたように、理知は魂の最善の状態、知的完成としての卓越性、完全性である（完全性という点で理知の他にあるのは幸福と徳だけである）。

こうして、理知は幸福と徳と同一のもの、あるいは少なくとも徳の一部分であり幸福の一部分であること、つまり理知は目的そのものであると説明される。理知はけっして制作的知識ではなく、純粋に理論的な知識であることがここでの結論となる（（ⅰ）〜（ⅲ）を通して「価値（善）の順序」のトポス〔目的トポス①〕が用いられている）。

もう一つの道筋（b）をみておこう。それは、「もし人がある一つのことを、それから別のことが結果として生じてくるからというので愛するとすれば、この人は、その性質がいっそう『多く』そなわるものを、よりいっそう欲求する」というものである。

アリストテレスは一例として運動することが健康にとってよいとすれば、いっそう（多く）運動することはいっそう健康によいことをあげ、その場合、人は散歩をすることよりも駆け足のほうをよりいっそう選ぶだろうと述べている。この「よりいっそう」の使用は第一章ですでに見ており、（a）の道筋においてもそれが用いられていることを知っている。しかし、第一章での「よりいっそう」は、ある属性の性質を「よりいっそう先に」もつものとして実体論の観点からの用法であったが、ここでは、ある属性の性質を「よりいっそう大きな程度において」もっているという場合の用法であり、二者の間には明確な違いがある。実体論的な「よりいっそう先の」と「よりいっそう大きな程度の」の二種類があることになる。

「よりいっそう」はこの書物の中でしばしば用いられることになるが、私たちはこれを議論の手法、方法の一つとして、以後それぞれを「よりいっそう」のトポス①②と呼ぶことにしたい。アリストテレス自身、この『哲学のすすめ』とほぼ同時期のものとみられる作品『弁論術』『弁証術』（トピカ）においてもこのトポスを重視して用いている。

このトポスを使って彼は理知にかかわる説明を以下に二つ行っている。

㋑私たちも日常抱くことのある「真の思いなし」（真の判断・意見・思わく）が理知と似たところがあり、そのかぎりで望ましいものとされるのは、そこになんらかの真理がそなわっているからである。しかし真の思いなしによりも理知に真理はいっそう（多く）そなわっている。したがって理知は真の思いなしよりもいっそう望ましいものである。

㋺もう一つはこうである。生きているかいないかは、感覚のあるかないかによって区別される。つまり生きていることは感覚することである。さらに、感覚とは、聴覚が耳を通して音を感知するように、身体を通してなされる一種の認知、認識であるとされ、諸感覚の中では視覚が最も明晰であり、それゆえ最も望ましいものとされる（明晰さは知的程度の高さを示すものといえる）。「よりいっそう」トポス②に従って、「望ましい性質をよりいっそう（多く）もつものが、よりいっそう望ましいもの」だからである。しかし、真理についていっそう支配的な力をもつ理知は視覚よりもいっそう望ましいものであることになる。㋑㋺はいずれも理知が、一種の知識でもある感覚、その中でも最も明晰な視覚よりも、そして真なる思いなしよりも真理性をよりいっそうもつ、したがっていっそう望ましいものであることを示している。

このようにして理知が私たち人間の魂の最善状態としての卓越性、完全性であること、したがってそれ自体が徳であり幸福でもあること、つまり目的そのものであることが説明されてきた。しかし、第二章冒頭部で哲学することが三つの生に深いつながりをもつことを読んだ読者にとって、ここである疑問が生じても不思議ではないだろう。理知の生が幸福につながり、したがって哲学の必要性も理解されることになるとしても、なおここには哲学と他の徳（政治的）の生、快楽の生とのつながりの説明はまったくといってよいほどされていないからである。

快楽の生とのつながりについては、第二章後半部分の、感覚とりわけ視覚が一種の認識能力として論じられる中で、その論の方向性を見とどけることができるだろう。快楽の生と理知のかかわりについては第六章で詳しく語られることになる。問題は、いわゆる倫理的徳（正義、勇気など）を中心とする政治的生とのかかわりである。

たしかに第二章では倫理的徳そのものについて語られることはほとんどないように思われる。理知が制作的知識・技術とはそのあり方が異なることが論じられる第二章中央部で、理知も倫理的諸徳とあわせて「魂の卓越性」と呼びうるものであることが示されているとみてよいだろう。「(魂の) 卓越性の諸部分」という表現は正義や勇気などの倫理的徳を示すものとみられている。

ここで一つ注意しておきたい点がある。それは「卓越性」はギリシア語で aretē (複数 arētai) といわれ、通常「徳」と訳される、ということである。本書では、知的卓越性 (徳)、倫理的卓越性 (徳) といった区別もとくにみられず、倫理的徳は全体として体系的に論じられてはいないと言わなければならない。道徳的秩序としての倫理的徳 (arētai) と理知の関係も、したがって明らかでないところがある。

しかしひとまず、つぎのように考えることはできるだろう。(i) 人間の魂の中の主要部分がその卓越性を得る時、人間は完全に整えられ秩序立てられたものとなる。(ii) 理知は一つの卓越性 (aretē) であり、その意味で他の諸卓越性としての徳 (arētai) と同類にある。(iii) しかし理知はその状態 (あり方) の点で他のどの卓越性よりもさらにすぐれている。(iv) この点を考えに入れるなら、理知こそが (i) における主要部分の卓越性そのものである。(v) 理知は真実在を観照する純粋に理論的な知識としての卓越性である。以上を省みると、理知という卓越性が人間の魂の内に成立するなら、その時、同時に倫理的諸徳も成立する――そこに正しさも勇敢さも生じている――ことになる、とするのがここでのアリストテレスの考えていることだと思われる。第五章で「政治家もまた、何が正しいか、何が立派か、何が有益かを、それに照らして判断する基準を、自然そのもの、すなわち真理から獲てもっていなければならない」と語られていることとも符合するように思われる。政治家にとって理知という卓越性が獲られてはじめて、真に「何が正しいことか」「何が勇気あることか」の徳が成立するといえるのである。厳密な意味では、政治的（徳の）生は理知の生と重ねられる――支配されて、とまでは言わないにしても――ことで成立すると言うべきであろうか。

別の見地から、ひきつづき理知の生について論ずる第四章をみておくことにしよう。理知に関してはこの二つの章（第二章、第四章）が議論の中核をなしているからである。

この章の全体的な枠組みは、私たち人間の生、人生にとってその目的、その最高目的は何かという問いそのものであるとみてよいだろう。この枠組み、のちにアリストテレスの目的論と呼ばれることになる理論にもとづく枠組みの中で理知、理知の生を説明しようというのである。しかし、この問いはここで突然になされた、私たちになじみのないものではない。先の章（第二章）ですべての人たちの目指すもの、その究極の目的が幸福と呼ばれていたからである。

議論の道筋はここでも大きく二つに分けられる。その最初の道筋（a）はつぎのように語られる。まずアリストテレスの言う「目的」はどのように説明されるのか。

（1）生成する事物のうち、（i）あるものは技術によって生じ、（ii）あるものは自然によって生じ、（iii）あるものは偶運によって生じる。

（2）偶運によって生じるものは目的をもたず、技術と自然によって生じるものは目的をもつ。

（3）目的は、その目的ゆえに生じるものよりいっそうすぐれている。

（4）自然によって生じるものはある目的、しかも技術によって生じるものよりいっそうすぐれた目的をもつ。

説明するまでもなく、家や船は技術によって生じたもの、動物や植物は自然によって生じたものである。また、建築術の生み出した家は人の安全な暮らしを目的とし、造船術の生み出した船は海上輸送を目的としている。自然によって生じた私たちの身体のどの部分をとってみても、たとえば、まぶたは目を休めたり目にものが落ち込んでくるのを防いだり、つまり目の保護を目的としているといえるのである。

これに対して偶運によって生ずるものは、何かのために、何かを目的として生じることはない。偶運によって生じるものは、つねに不定のものである。偶運からも何か善いものが生じることはあるだろう。しかし偶運から生じてくるかぎりのものは、そのかぎりで善いものであると言うことはできないのである（1）（2）。しかも、この目的になるもののほうが、その目的のために生じてくるものよりいっそうすぐれているものとされている（3）。人が安全に暮らすことは、建築物としての家そのものよりもいっそうすぐれていること、海上輸送は建造物としての船よりもいっそうすぐれているものなのである。

ところで、自然によって生じるものはある目的をもつ、しかも技術によって生じるものより、いっそうすぐれた目的をつねにもつ（4）と語られていることは、私たちにも広く知られた、つぎの理由説明をあわせ読むことで理解は容易となるだろう。

なぜなら、自然が技術を模倣するのではなく、技術が自然を模倣するのだから。

技術は自然を補助し、自然がやり残したことを埋め合わせるためにあるのだ。

「技術によって生じるものはすべて、何かのため（目的）に生じる」という基本的性格は、技術が自然を模倣するということから帰結することになった、と考えても当然である。こう考えることで、自然によって生じるものの目的がよりいっそうすぐれたものであることもまた理解されるだろう。

再びここで、私たち人間にとっての目的、最高目的とは何であるかという問いのことを思い出そう。しかもこの問いは「何のため（目的）に自然は私たち人間を生み出したのか」という問いでもある。この問い自体が本章（第四章）の基本的枠組みである。人間の究極的目的が何であるかを知るためには、人間というものの自然的形成が最終的にいかなるものに行きつくか、その限界点に目を向けてみる必要がある。目的は生成が連続してその限界点に達する場合、その生成の最後に完成する、とされているからである。

こうして、人間の自然的発達とでもいうべきものを考えてみるなら、身体部分が最初にその目的に達し、その後に魂部分がその目的に達すること、さらに魂の部分の中でもよりすぐれた部分（理性的部分）の目的は他の部分よりもいっそう後に達せられること、そして魂の理性的部分の中でも最もすぐれた理知が最後のものとして生じてくるという順序となるだろう。知恵の一種、理知は私たち人間の自然本性的な目的であり、その理知をはたらかせることは究極的なことであって、私たちはそのために生まれてきたのである（これを「自然的生成の順序」のトポス〈目的トポス②〉としよう）。

アリストテレスは昔の高名な哲学者二人を証人としてあげている。自然と神が人間を生み出したのは何のため（目的）かと問われた時、ピュタゴラスは「天界を観照すること」と答え、アナクサゴラスもほぼ同様に「天界にあるもの、つまり天にある星星そして月、太陽を観照するため」と答えたとされている。彼らの認識の対象が「宇宙」であるか、あるいはなにか別の自然本性（実在）であるかは、アリストテレスの言うように明らかではないにしても、この二人の哲学者の答えに彼の言う理知のはたらきに通じるものを彼は感じとっていたことは確かとみてよいだろう。

ここで示された生成の順序、身体そして魂、さらにその理性的部分、そして最後に理知という順序は、第二章に示された善さ（価値）の順序に対比される。そこでは、理知が第一位、他の知的状態（魂の理性的部分の他の状態・能力）、他の部分（非理性的部分）そして身体とされ、その順は生成の順とは正反対となっている。理知は生成の順序からみれば最後のもの、善さの順序からみれば最善のものとなる。このことは言いかえるなら、目的は生成の順序からみて最後のものであるが、価値の順序からみるなら最善のものとなる。

こうして理知こそは私たち人間の自然本性的な目的であり、他のすべての善いものはこの目的に従属すべきである。身体にかかわる善いものは魂にかかわる善いもののために、さらに魂の善いものの一つとしての徳は理知のためにはたらくべきである。理知こそ最高の目的であるのだから。

（b）理知をさらに理解するためにアリストテレスはもう一つの考え方を述べている。私たちはすべてのことがらについてしばしば「それは有益なものか、なんの役に立つのか」を問うことがあるが、これは愚かなことである。「善いもの」と「有益・有用なもの」はその根本においてまったく異なるからである。

それ自体とは異なる別のもののため（目的）に愛好されるようなものは「必要なもの」（あるいは副原因）であり、他方、それ自体とは別なものが生じてくることはないとしても、それ自体のために愛好されるものは「善いもの」（真の原因）と呼ばれるべきなのである。他のもののため（目的）に愛好されるもの、有用なものの系列は、AがBのために、BがCのために……と無限に進行するのではなく、どこかに終点が置かれなければならないが、その終点こそが「善いものそのもの」（真の原因）である（これを「有益なものと善いもの」のトポス〔目的トポス③〕としよう）。

このことをいわば実感させてくれる基本的な例をアリストテレスは二つあげている。一つは、私たちが「幸福な人びとの住む島」に連れていかれた場合である。そこでは必要なものは何もない、何かから利をうける必要も一切ない。そこにはそれ自体のゆえにのみ愛好されるべきものだけが残されている。思惟することと観照すること、すなわち理知をはたらかすこと、である。

もう一つは、そのことからなにか他のもの（利益）が生じてくることなど一切考えることなく、ただひたすら見物することそのことのため（目的）だけにオリュンピアへ人びとが熱心に出かけていく場合である。この二番目の事例については私たちにも実感するところは多いだろう。利益を得るどころか、多額の金銭を支払ってでも、オリンピックその他の競技大会にひたすら「見る」ことのためだけに参加しようとするからである。「見る」ことをただそのことだけのため（目的）に人びとはどれほどの情熱を傾けることか。「見る」（視覚）に比べその明晰さの点ではるかに高度な「理知」を考えるなら、そのはたらきによって真実在の本性と真理を「観照する」ことに、それをなしうる人ははるかに高い情熱を注ぐことになると想像できるだろう。

理知はこれまでの記述からも明らかであるように、「有益なもの」ではなく、端的に「善いもの」なのである。

第二章と第四章を連続して語ることを急ぐあまり、第三章の説明は後まわしになってしまったが、理知についてある程度詳しく語られた後のほうが、第三章の理解には都合がよいと思われる。さて、この章の意図はどこにあるのだろうか。

（i）この章でまずアリストテレスが彼の後期作品においても十分認められる哲学上の方法の一つを用いていることに注目しておこう。それは、ある問題の探究にあたってすべての人たち、あるいはほとんどの人たちが共通にもっている考え方、意見（ここでの「前言」ではennoiai koinaiが用いられているがアリストテレスはその種の用語は使っていない）を尊重し、すべての場合にあるいは多くの場合に真実とみられるものを原理や承認された立論としてとりあげ、あるいはそれを修正したものから探究を出発させるという方法であるが、彼はそのはしりともいうべきものをここで用いている。幸福な生に関して「共通見解」の事例としてつぎのことがあげられている。

①　最大の富と権力を手にしていても、理知を欠き正気を失った人として生きることを選ぶ者はひとりとしていない。

② 激しさこのうえない快楽に歓喜しても、理知を欠き正気を失った人として生きることを選ぶ者はひとりとしていない。

万人が避けようとするものは知なき状態、無知である。その反対の状態、理知こそ万人の求めるものということになる。その理由は、人間の魂は自分の知らないもの、暗いもの、明らかでないものを避け、明らかなもの、知られうるものをその本性上追求するからである。その傍証をあげよう。私たちが父母をなによりも尊び敬うのは、自分たちに太陽や光を見ることができるようにしてくれた人たち、最大の善いものを与えてくれた人たち、私たちが見たり考えたりすることの原因となっている人たちだからである。アリストテレスはこの一般共通の見解を原則点として、以下のように語る。

(ii) しかし知性や思考力といっても、幸福に生きることを望んでいながら、ただ「生きる」ことで満足する人にとって、その知は生活上必要なことがらにかぎられたものになる。だがアリストテレスは、大多数の人びとがこのやり方で生きていることは大目にみられてよいかも知れないと、多様な聴衆への心配りもあってか、現実的な見方を示している。しかし彼は、「よく生きる」ことを求める人にとっては、真理の認識にかかわる理知を得るためのいかなる苦労にも耐えて努力をつくすべきだ、と厳しく言う。「よく生きる」ためには、より高度の知性が不可欠なのである。

（ⅲ）しかし現実には人間にこの理知がいかに欠如していることか。アリストテレスの悲観的とも思える見方が示される。人間にかかわる一切のものは影絵にすぎない。また、人間は無にひとしいものであり、人間のかかわることに確実なものはなにもない、という言葉は正しい。いったい誰がこれらの事態を見てとったうえで、なお自分たちは幸福であると思うことができようか。そして最後の一撃のように、彼はこう断言さえする。「われわれはある大きな罪の懲罰を受けるために生きている」という古人の言葉は神の霊感にみちたものである、と。

（ⅳ）この悲観的な現実認識に対して、彼はしかし気持ちを取り直すかのように語る。人間の生はその本性上いかに困難で悲惨なものであっても、自然本性上賢く整えられているから、他の生物に比べるなら、人間は神とさえ思われるほどである。なぜなら「知性はわれわれの内なる神」としてあるのだから。私たち人間の内には、はたらかすべき知性が備わっている以上、「よく生きる」ことのために、「われわれは哲学すべきである」ということになるが、ここでは、このくりかえされるすすめの言葉にはもう一つの思いがけないともいえる語句がつづいている。「それとも、生きることに別れを告げてこの世から立ち去るべきか、そのいずれかである」と。アリストテレスの悲観的とも、楽観的ともいえる考え方が交互に語られるように見えたこの章の最後にこの言葉を読むことも、まったく不自然とは思えない。しかし、その真意は何か、読者の方々にも考えていただきたいのである。

第五章は、理知が私たち人間の実践的生にとって有益なものでもあることを理解させようとするものといえるだろう。この議論の背景には第四章で語られた「技術は自然の模倣である」の考え方がある。すぐれた医者や体育家——彼らは身体的な卓越性（健康）を生みだすことにかかわる——が自然について経験をつんだ者でなければならないように、魂の卓越性にかかわる立法家は彼ら以上にはるかに自然についての経験をつむ者でなければならない。建築術において墨縄や物指しなどの諸道具が自然から写しとられ、借りられたものであるように、政治家もまた何が正しいか、何が立派か、何が有益かの「基準」を自然そのもの、真実在から写しとってもっていなければならない、とされている。

しかし私たちはこの箇所をもう一度読み返し、とりわけ模写、写しということについて、その意味を正しく汲みとることに努めよう。技術が自然の模倣であるとしても、たとえば建築術において、彼らの道具は自然そのもの、原型から直接写しとられたものではなく、二次的、三次的なものから、あるいはさらに遠く離れたものから、つまり写しの写しから借りられたものにすぎないのである。しかし他の技術については、自然そのものの写しの、さらに二次的・三次的模倣であることにここではとりわけ批判はなされていないが、他方、魂の卓越性（徳）にかかわり、国の幸・不幸にかかわる立法・政治家については、何が正しく、何が立派なことかの「基準」を原型そのものから写しとってもつべきことが強く主張されている。

アリストテレスの考えは、現存する政治制度や法律などを具体的に収集・調査し、その中から選別するといった経験的手法によるべきではなく、あるいはそれに留まるだけではなく、むしろ政治家は純粋厳密な理論的方法を取るべきである、というのである。

しかし、もし彼らが哲学を学び真理を認識することをしないなら、それは望むことはできない。自然そのもの・原型を厳密に模倣しうるのは、ただ哲学を学んだ者だけに許されている。哲学者は原初のもの・原型の観照者であって、模倣物の観照者ではないからである。ひとり哲学者だけが自然と神的なものに目を向けつつ生き、自己の生の原理を永遠にして不変なものにつなぎとめてから先に進むのだ、と語られている。哲学知としての理知がきわめて理論的、観照的なものであることは、これまでも

第二章、第四章を通してみてきている。

しかし他方で、この理知がたんに純粋に理論的な知識としてあるだけではなく、私たちの実践的生にとってもいかに有益なものであるかがこの第五章で強調される。この知、理知は、いうまでもなく、それ自体なにものをもつくり出すことはないが、私たちがすべての事物をつくり出そうとするさい、その知識に従ってなすことによって、その制作を成功させる、というのである。視覚がその例証としてあげられる。視覚はいかなるものものをつくり出すことはしない。そのはたらきは唯一つ、ものを見分け、明らかにすることである。しかしその視覚が導いてくれることで私たちは行為することが可能となるのであり、それは行為にとって最大の助けとなるものである。

これまでに理知の生は幸福そのものとしてすすめられてきているが、しかしそれは本当に楽しいものであるのか。楽しさなき、喜びなき幸福はアリストテレスにとっても考えられないものであったと思われる。

第六章の意図するところは、したがって、理知の生がどのような意味で楽しいものであるのか、その点を探ることにあるといえるだろう。その検討を始める前に、同章の終末部のアリストテレスの言葉に注目しておきたい。それはこう述べている。

われわれは、眠っている人よりも目ざめている人に、理知なき人よりも理知をはたらかす人に、生きているということをよりいっそう帰属させるのであり、また生からもたらされる楽しさは、魂をはたらかすことからくる楽しさであるとわれわれは言う。というのも、これが真に生きるということだから。

ここに問題解答の手がかりが示されている。しかし、理知の生は楽しさそのものであること、その理由を直接示す言葉に出会うことはない。「魂をはたらかすことからくる楽しさ」「思惟と観照からくる楽しさ」という言葉はあっても、それがいかなるわけで楽しいのかについては直接説明を受けることはないように思われるからである。では、理知の生が快楽の生でもあることにはいかなるわけがあるのか、ここでの議論の道筋に従ってみていくことにしよう。以下（i）から（iv）まではそのための復習をかねた準備的まとめである。

（i）「持つと用いる（可能性と活動性）」のトポス

通常、私たちは感覚すること、たとえば「見る」という能力をもつ人と、その見る能力を現に用いていて、じっさいにものを見ている人の両方を「視力のある者」という。「知っている」ことについても、同じように現にその知識をはたらかしているという意味（「活動的」）でも、また知識をもっているという意味（「可能的」）でもその両方に用いている。ところで、感覚の有無、認識するか否かが「生きている」ことの区別に密接にかかわることは誰もが認めるだろう。そうであるなら「生きる」という言葉も当然二つの意味をもつことになる。

アリストテレスは言う。目ざめている人が言葉の真の、厳密な、そして本来的な意味で（「活動的に」）生きるといわれるべきであり、他方眠っている人は目ざめていることへと転じる能力をもっているという理由から派生的な意味で（「可能的に」）生きるといわれるべきである。活動的にあることは可能的にあることよりも、よりいっそう真の、そして本来的なあり方であること、また活動態（はたらくこと）は可能態（もつこと）よりも、よりいっそう先（優先的）のあり方とされている。

後のアリストテレスの思想にとって最も重要な概念の一つ、可能性と現実性は、この『哲学のすすめ』においても、いまだ十分に熟してはいない初期の形ではあるがその姿を見せている。本章での「可能（能力）と活動」（dynamis-energeia）は「所持と使用」（ktēsis-chrēsis）、「持つと用いる」（echein-chrēsthai）と互換的に用いられているだけでそれ以上の意味を示すことはない。energeia はここでは「使用」「用いる」だけでなく、「動き、活動」を意味するkinēsisの同義語としても用いられている。後期の成熟した「可能態と現実態」の用法からは遠いのである。したがってここではenergeiaを「現実性」ではなく「活動」と訳している。

(ii)「よりいっそう」のトポス

「よりいっそう」のトポスには異なる視点からの二種類があったことは先にふれたが、本章ではじめてこの二つのものがまとめて説明されている。ここで再確認しておくことにしよう。アリストテレスはこの二種類をあげたうえで、こう説明する。「よりいっそう」(mallon)のトポスは、(a)「より大きな程度」と(b)「より先の、より後の」という二つの視点から区別される。一つの言葉(定義)の下に入る物事について、(a)は「より大きな程度において」その属性をもっていることを意味し、(b)はその属性を「より先に」(優先的に、絶対的に、真の意味で)もっていることを意味する。たとえば、健康それ自体は、健康食や健康用具などよりも「いっそう」善いものとされるように(私たちの言い方では(a)はトポス②、(b)はトポス①にあたる)。

言い方を変えるなら、「よりいっそう」は、(a)「より大きな程度で」と(b)「より厳密（真実）な意味で」の両方を、意味することができる、といえるだろう。運動が健康に善いならば、より多くの運動は健康に「よりいっそう」善い、という（a）の比較相対的な意味での用法と、本来的な、厳密な意味での善いもの（健康そのもの）は、相対的な意味での善いもの（有益なもの、善のための手段的役割のもの＝健康のための食事）より「よりいっそう」善い、という（b）の絶対的意味での用法とがあることになる。

「よりいっそう」のトポス①については二つの考え方があるので、それについて少しだけ説明を加えておきたい。

その一つは、第一章であげられていた、「線が取り除かれるなら面は取り除かれる」（線は面より先である）にみられる自然的な「より先のもの」（優先性）という古概念である。アリストテレス自身の考えというより、当時のプラトンの学園内で流行していたものとみられている。もう一つは、言葉は二つの意味をもつことがありうる、すなわち（イ）厳密な、真実の、より先の、というものと、（ロ）この第一のものの視点で定義されるもの、をいずれも意味することができるとする見地から、「より先の」を用いることである。

目ざめていることが真の、厳密な意味での「生きる」ことであり、この視点から規定される時、眠っている人は、厳密な意味での「生きる」ことへ移行する能力をもっているという理由で「生きる」といわれる。厳密な意味での「生きる」（現実的生）という言葉は派生的な意味での「生きる」（可能的生）という言葉よりも「より先のもの」として用いられるのである。アリストテレスがここで重点的に述べているのは、もちろん後者（ロ）の見地からである。

（ⅲ）「正しく用いること」

ここでさらに、ものを正しく用いる人は「よりいっそう」用いているというべきである、とされていることにも注意しておきたい。この場合、「よりいっそう」は（b）の用法（トポス①）ということになる。正しく用いる人は「厳密（真実）な意味で」用いる人なのである。

ただし、右のすぐ後で、正しく思考する人はよりいっそう（高い程度において）生きていること、最も深く真理に到達する人は最も（高い程度において）生きている、と語られている箇所では、「よりいっそう」は「最も」に対応して比較相対的な意味での用法（a）（トポス②）となっている。「よりいっそう」は両者のどちらの文脈においても用いることができたのである。

（ⅳ）思考の段階と生の段階

魂をもつことは生きていることである。したがって、魂をただもっている人よりも、魂をはたらかしている人のほうが「持つと用いる（可能性と活動性）」のトポスから、よりいっそう生きていることになる。ただし、能力がただひとつの物事に対してある場合には、そのひとつのことをなす時に、また能力が複数の物事についてある場合には、そのうちの最善のものをなす時に、それをはたらかすことである。しかし、そのどちらの意見をとるにしても、魂の本来のはたらきは、思考の能力を用いることになり、さらに言えば、最も深く真理に到達する人は最も生きているということになる。ついでに、このような人こそ「理知の人（phronōn）」であり、最も正確な知識にもとづいてすべての事物の中で最もよく知られうるものを観照する人であると主張されている。

さて、理知の生が楽しいとされるのはいかなる理由によるのであろうか。この点がこの章全体で語られることになるが、前の章にも言及しながら考えてみることにしよう。

まず第二章について。そこでは生きているか否かを判別するのは、感覚があるかないかによってなされる、つまり生きていることは感覚することである、と語られている。さらに感覚は一種の認識・知識である。しかも諸感覚の中では、視覚が最も明晰であり、そのゆえに最も好ましいものとされる。しかし明晰さの点、つまり真理性の観点から言えば、そして例の「よりいっそう」のトポスを思い出すなら、明晰さの点、真理性から見て、よりいっそう高い程度にある理知は、視覚よりも、また真なる思いなしよりもいっそう望ましいものであることになる。

つぎに、第四章で語られていたこと、感覚することと快楽のつながりをもう一度みておきたい。とりわけ、感覚の中でも代表的な視覚（見る）と快楽とのつながりについて、まず具体的な事例二つがあげられる。ディオニュシアの祭りとオリュンピアの競技会という、いずれもギリシアにおける代表的な催し物の事例で、人びとはひたすら見ること、見物することとそのことだけのために、利益を目指すどころか、金を払ってでも出かけていくと語られている。これらの箇所にはある事物を見ることと快楽のつながりについて直接的な言及はないが、そこに見ることとそのことに楽しさのあることが十分に示唆され、見ることはすなわち楽しさ、快楽そのものであること、あるいは、そこに必ず快楽が伴っていることを推測することは私たちの経験からしても十分可能だろう。

ここで再び第六章の記述に戻ることにしよう。ここにはすでに私たちが幾度も目にしている「持つ」と「用いる」すなわち「可能性と活動性」のトポス、そして「よりいっそう」のトポスの二つが、議論を進めるための方法、道具として積極的に用いられている。

魂をはたらかすことは「生きていること」とされ、その最もすぐれたはたらき、本来のはたらきは思考し、推理することである、とされている。魂をはたらかすことが生きていることであるとすれば、正しく思考する人はよりいっそう生きている人であり、最も深く真理に到達する人（理知をはたらかす人）は最も生きている人であることになるのは容易に推論されて明らかである。

感覚は魂の本来のはたらき、最もすぐれたはたらきではない。しかし、私たちはすでに、感覚が「生きていること」のしるしとされていることを見てきている。しかも感覚は一種の認識でもあると語られている。これらの点を考えるなら、感覚することを「生きること」、そして「思考すること」の諸段階のそれぞれ一つに加えることは十分可能であろう。感覚することが生きていること、そして思考することの原初段階とするなら、真なる意見をもつことはいっそう高い段階に、そして、正しく思考することは最高段階にあることになる。

そのうえで、私たちは感覚（とりわけ視覚）と快楽のつながりの深いことに十分注目していたことを再び思いおこそう。生きていること、すなわち感覚をはたらかすことに楽しさがあるならば、よりいっそう生きていること、すなわち思考・推理することと、知性の目をもってさまざまな事象を読みとることによりいっそうの楽しさがあり、最も生きていること、すなわち最も深く真理に達しそれを観照することに最も大きな、真の楽しさがあることになる、といえるだろう。

アリストテレスもこう結論づけている。

魂に多くのはたらきがあるとしても、それらすべての中で最も本来的なものは、できるかぎり最も高度に理知をはたらかすことである。こうして、理知をはたらかすことと観照することから生じる楽しさこそ、唯一の、あるいはすべてにまさる、生きることから生じる楽しさでなければならないことは明らかだ。楽しく生きることと真の喜びを感じることは、したがって、哲学する人びとにのみ、あるいはすべての人びとにまさって彼らに属している。

最後の第七章で私たちは再び幸福の生の代表的候補としてあげられる三つの生き方、快楽、徳、理知の生の考え（「幸福な三つの生」のトポス）に正面から出会うことになる。一番最初に出会ったのは先の第二章の冒頭近くである。それは、このように述べられていた。

幸福に生きることが快楽の内に生きることであれ、徳を身につけることであれ、理知の内に生きることであれ、これらのすべてに則してわれわれは哲学すべきである。というのは、これら［快楽、徳、理知］は、とりわけそして純粋に、哲学することによってわれわれのもとに生ずるからだ。

この第七章が、本書の最初に提示された、哲学すべきであるということの主旨を、三つの生と幸福とのかかわりの中で論じてきた議論の最終結論であることは誰もが認めることであろう。この結論にいたるまで、アリストテレスは、一般によく知られ、人びとに広く支持されてきた伝統的見解、幸福と三つの生論を背景枠組みとして、まず理知の生（第二章、第四章）について、さらに快楽の生（第六章）について、そしていくぶんまとまりを欠くとみられるが、徳の生（第二、第四、そして第五章のそれぞれの部分的箇所で）について、私たちの言うさまざまな手法（トポス）を用いて、丁寧に議論を重ねてきているといえるだろう。このようにして言葉をつくしてきた最終章で、彼は以下のように総括する。

（i）幸福を理知であると考えるなら、明らかに哲学する人たちだけが幸福に生きることになるだろう。

（ii）幸福を徳（魂の卓越性）とみる場合でも、魂の卓越性として理知は私たちの魂の内にあって最も支配的なものとされていることを考えるなら、勇気や正義などの徳も理知のはたらきがあってはじめてその能力を十分に発揮することができることになる。哲学と幸福のつながりは明らかであろう。

（iii）幸福を快楽であるとする場合でも、それは理知によってもたらされるだろう。理知はすべてのものの中で最も楽しいものであるから。

そしてさらに、

（iv）もし幸福をこれらすべてをあわせたものとみる場合でも、幸福は理知をはたらかすことであるとして定義されなければならない。

と語られ、幸福がどのようなものと考えられるにしても、理知がその中核的な位置を占めることになる。アリストテレスは最後の章とみられるこの第七章で、

だから、それをなすことのできる人は誰もが哲学すべきである。じっさい哲学することは、完全によく生きることであり、あるいは端的に言って、われわれの魂にとって、あらゆることがらの中で、「よく生きることの」最大の原因であるからだ。

と語ってこの『哲学のすすめ』を終えていたと思われる。

2 「哲学のすすめ」（プロトレプティコス）の伝統

（以下、アリストテレスの『哲学のすすめ』の章ナンバーは漢数字表記で、すべてイアンブリコスの著作の章ナンバーに復元してある。本書訳文との対照は凡例を参照されたい）

プロトレプティコスは「プロトレプティコス・ロゴス」の略であり、文字通りの意味は、人に何かをすすめるための言論を指す。哲学者たちによって描かれたすすめの言論は、初心者たちを哲学に向かわせることを意図したものであるから、通常「哲学のすすめ」と訳されている。

想像がつくように、このプロトレプティコスはたんに哲学のためにだけ書かれたものではない。たとえば、ペリパトス派のカマイロン（前三五〇年頃〜前二八一年頃）によるプロトレプティコスは音楽に関するものであり、ガレノス（一二九年〜一九九年）のそれは医学にかかわるものであり、テミスティオス（三四〇年頃）のそれは弁論術に関するものであったこと、さらに体育術についてもこの種のプロトレプティコスのあったことが弁論修辞家ハリカルナソスのディオニュシオス（前三〇年頃）の証言によって知られている。

ただこの名称がアリストテレスの作品につけられることになる時期以後は、プロトレプティコスはとりわけ哲学のすすめに特化して用いられるようになったとみられる。古代哲学について、高名な哲学者たちの伝記や学説の要約を詳細に語っているディオゲネス・ラエルティオス（二二〇年頃）の『哲学者列伝』によれば、書物を書くことのなかったソクラテス（前四七〇年～前三九九年）を別として、その学徒アンティステネス（前四五五年頃～前三六〇年頃）、アリスティッポス（前四三五年頃～前三五〇年頃）らにプロトレプティコスという題名の書物があったこと、またプラトン（前四二七年～前三四七年）にその題名のものはないが、その内容からあるいはプロトレプティコスおよびその類似語の頻繁な使用からみて明らかにプロトレプティコスの書物といえる『エウテュデモス』などがあり、アリストテレスはいうまでもなく、その学徒テオプラストス（前三七二／前三六九年～前二八八／前二八五年）やデメトリオス（前三五〇年頃～前二八〇年頃）らにも、この名称の作品のあったことが証言されている。

このことはしかし、ソクラテス（彼に書物はないが、その活動がプロトレプティコスの源流であることはプラトンを通じて理解されるだろう）、プラトン、アリストテレスとつながる哲学派にのみかぎられたことではない。ストア派においてもクレアンテス（前三三一年頃～前二三二年頃）やクリュシッポス（前二八〇年頃～前二〇七年頃）、アリストン（前三世紀半ば）など初期の有力哲学者たちにも、また中期のポセイドニオス（前一三五年頃～前五〇年頃）にもプロトレプティコスという名称の書物のあったことが知られている。またエピクロス（前三四一年～前二七〇年）にもその題名の著作のあったことが知られており、さらにその内容からみてプロトレプティコスの書物とみることのできる『メノイケウス宛書簡』が残されている。

ギリシア哲学のどの学派においても、「哲学のすすめ」としてのプロトレプティコスが、前四世紀初め頃から紀元後の四世紀までの永い期間にわたって、さかんに公にされてきたことは明らかである。

イソクラテス

しかし、以下に哲学に特化されていくと考えられるプロトレプティコスについてみていく前に、私たちの視野に入れておくべき重要な人物がいる。それはイソクラテス（前四三六年～前三三八年）なる人物である。彼はプラトンより九歳ほども年長でしかもより永く生き九十八歳で亡くなっている。よく知られているように、プラトンは前三八七年頃、哲学研究と教育のための学園アカデメイアを創設したが、イソクラテスもまた、それに数年先立って弁論術を基礎とする人間教育を目指す学校を設立していた。両者は、当時いまだ必ずしも今日の「哲学」にのみ限定されていなかったピロソピアー（philosophia）という言葉を、それぞれの立場から研究教育の内実として標榜し、たがいに競合する関係にあった。

私たちの課題プロトレプティコスにかぎって述べるなら、その説きすすめる内容も方法も大きく異なるとしても、それぞれの立場から勧告する「ピロソピアーのすすめ」にかかわる著作の数は両者ともに相譲らず多いといえるだろう。プラトンの場合、その内容から言えば、初期の、いわゆるソクラテス的対話篇のほとんどが、そして中期の『パイドン』、さらに後期の大作『法律』などもプロトレプティコス的と言うにふさわしい要素を多く含んでいる。

他方イソクラテスの場合、この種のものとして、伝統的に三部作とみられている『デモニコスに与う』『ニコクレスに与う』『ニコクレス』を、また『ソフィストたちを駁す』を、さらに前三五三年、イソクラテス八十二歳の折の大作『アンティドシス』などをあげることができるだろう。

イソクラテスの標榜したピロソピアーは、今日私たちが理解している「哲学」とは大きく異なると言わなければならない。たしかに、ソクラテス的対話篇にみられるように、たとえば「徳においても他を凌駕するべく努めるように」（『ニコクレスに与う』11）など徳へのすすめを説く例はしばしばみられるが、その勧告の方法はすべて弁論術的手法に則してなされるもので、ソクラテスが相手と主題について問答によって吟味検討しあう中で徳への勧告を行った哲学的なプロセスはみられない。プロトレプティコスの実践的場面でも異なりは大きいのである。イソクラテスもまた「なによりもピロソピアーに専念するようすすめるべきだ」（『アンティドシス』175）と明確に語ってはいるが、しかし彼を私たちの「哲学的プロトレプティコス」の系列に加えることはできないとしなければならない。

哲学的プロトレプティコス

哲学的プロトレプティコスとして今日そのテクストがほぼ完全な形で残されているのは、プラトンの『エウテュデモス』、アリストテレスの『哲学のすすめ』、そしてイアンブリコスの『哲学のすすめ』の三作品であるということができる。しかし必ずしもこれだけに限定されることはない。今は失われた中期ストア派のポセイドニオスの『プロトレプティコス』を材料として、そこに自己の批判的見解を加えることで構成されたセネカ（四〜六五年）の『倫理書簡』第九十篇と、エピクロスの『メノイケウス宛書簡』の二作品もまた私たちに残されている哲学的プロトレプティコスとみることは許されるだろう。

このようにプロトレプティコスは哲学の特定学派にかぎられたものではない。ただしかし、この哲学的プロトレプティコスの共通の祖としてソクラテスをあげるのは妥当の道といえるだろう。少なくともこのようなソクラテスの活動が時代的に最も古いものであることは明らかなのである。

私たちが問題としている哲学的プロトレプティコスについては、田中美知太郎氏がすでに戦前の一九三八年に今日でもなお十分参考とするにたる価値ある論考を著している。同氏三十六歳の作である（ただしこの論文は残念なことに未完に終わっている。プラトンとイアンブリコスについては詳細な考察がなされているが、アリストテレスについてはまったくふれられていず、アリストテレスの『哲学のすすめ』はおそらくこの後に論じられる予定であったものと想像される）。氏は哲学的プロトレプティコスのそなえるべき三つの条件としてつぎの点をあげている。

（1）それがプロトレプティコスという名称をもって呼ばれていること。

（2）それが「哲学すべきである」（philosophēteon）という結語をもっていること。

（3）その言論形式が論証的であること。

田中氏の見解はプラトン、アリストテレスらソクラテスの系統に限定された形で述べられているが、ここではストア派やエピクロス派のプロトレプティコスをも含めて検討しておきたい。

（1）については、プロトレプティコスおよびその類似語をもって哲学のすすめを説くことをその内容とする書物と解するのでよいだろう。アリストテレス、イアンブリコスにはこの名称をもつ作品があるが、プラトンのこの内容をもつ作品には『エウテュデモス』の題がつけられている。

（2）については「哲学すべきである」およびこの種の語句は含まれているとみてよいだろう。（1）（2）についてはあまり問題はないが、（3）に関してはいっそう複雑な問題があるように思われる。田中氏のこの問題に対する処置は、「論証的であること」の内容を「レートリケー（弁論術）に対立する問答法一般の特色の一つとして」解することである。たとえばプラトンの『エウテュデモス』の場合、そのプロトレプティコスはつぎのようになされる。共通の出発点となったものは「人はみな幸福を欲する」という事実の承認である。ではそれはいかにして得られるか。

（a）われわれはみな幸福であることを願う。幸福は善いもの、健康、財産、地位、名声などを所有することとみることもできるが、たんに所有しているだけではありえない。それらを使用する必要がある。使用しなければそれらの所有から益は生じない。しかもそれは正しい使用でなければならない。正しい使用を供するのはまさに知識であるから、これを得ることができるよう努めることが肝要である。すなわち哲学すべきである。（b）この哲学知は学ぶことで取得は可能である。（c）ただし、この哲学知はいかなる知であるのか。

ここでのプロトレプティコスは右の（a）（b）（c）の三部分から構成されていると考えられるが、（a）（b）の内容はソクラテスとクレイニアスの問答の中で承認されてきて、哲学へのすすめは順調にすすんできているとみられる。しかし最後の（c）においてソクラテスの勧告は必ずしも順調にはいかない。一般的な知識の愛としてすすめられた哲学をさらに限定してそれが知識のうちの真の知識にかかわるものとみて、その何であるかを明らかにしようとする試みはついに結論に達することができずアポリアーに陥る。なんらかの知が私たちの幸福にとって不可欠のものであること（a）、そしてその取得が可能であること（b）は承認されても、その知の真の姿は解明されるにはいたっていない。

哲学的プロトレプティコスの原形とみられる『エウテュデモス』は、一方で他の哲学者たちのプロトレプティコスとは異なる面をもつといえるであろうか。以下に哲学的プロトレプティコスについて簡単にふれておく。

プラトン

ソクラテスによるプロトレプティコスは、弁論術のように一方的な語りかけによるものではなく、相手との問答法的対話という形をとってなされている。それはすでに明確になったものを勧告するだけでなく、その先のいまだ必ずしも明らかとなっていない、しかし重要で不可欠な問題をも含めて、問答法によって探究することをすすめるものといえるだろう。プラトンにおけるプロトレプティコスにみられる言論形式が「論証的であること」の内実を弁論術に対立する問答法一般の特色——それもまた推論の一種と解する意味で——と解する田中氏の見方は正しいと思われる。

ソクラテス、プラトンの問答法は、対話者たちの提示する命題（見解）を検討してそこに矛盾が生じることで、それを不可能として否認するという論駁法や帰謬法の面をもつことはよく知られている。問答法もまた推論の一種なのである。演繹的推論のはたらきを「論証的」と呼ぶのが通常の見方であり、アリストテレスのプロトレプティコスにおいてはまさにこの方式で忠告が与えられているが、ここではより広義に解釈しておくことが適正だと考えられる。アリストテレスの場合も、「哲学のすすめ」における推論は厳密な演繹的推論というよりも、むしろすべての人びとの認める共通見解、あるいは最も定評のある知者の見解を前提とする推論、弁証法（問答法）的推論が用いられているとみることができるからである。

この問答法による吟味の過程を簡潔に示すものとしてプラトンの『テアイテトス』と『ソピステス』が参考となるがここでは『ソピステス』の事例をみておくことにしよう。無知、無教養を取り除くものとして、二種の術知があるとされ、一つは父祖以来古くからある「訓戒」と、もう一つは「論駁」（エレンコス）があげられ、後者についてソクラテスはつぎのように説明する。

①　語られていることがらについて、詳細に問いかける。
②　その考えを吟味する。
③　さまざまの考えを一点に導いて相互につき合わせてみる。

④　それらの考えがこの一点において互いに相反するものであることを示す。

これがエレンコスという方法の過程であるが、その結果は、「この事実を見せつけられて、自分自身に腹を立てる一方、他人に対しておだやかになり、自分にまつわる大それた頑固な思い込みから解放される」(230B-C)。そしてこの解釈は当人にとって最も楽しいもの、最も永続的な効果をもつもの、とされている。『テアイテトス』でも、この解釈の結果、「いとわしい自分からのがれて、知を愛すること(哲学すること)へと向かうことになるだろう」(168A)とソクラテスは語っている。

プラトンにおける哲学的プロトレプティコスの言論形式が「論証的であること」とされる内実は、右にみてきたエレンコスの手法によって哲学へのすすめを説くことをあわせ含むものといえるだろう。エレンコスの機能には大きくみて、(1)誤った意見からの救出と(2)その解放から真の知を求めようとする意欲をもつこと、この二つがある。(1)の状態は、言いかえるなら、当人がアポリアーに陥っていることにほかならない。しかし『メノン』でソクラテスが「アポリアーに陥り、それによって知りたいという気持ちになる」(84C)と語るように、アポリアーは知を愛し、哲学することを説きすすめるプロトレプティコスにとって必ずしも不自然な事態ではないと考えることができる。

アリストテレス

これに対してアリストテレスのプロトレプティコスにおける言論形式は、対話による問答の形においてではなく、アリストテレスによる相手への一方的な語りかけである。しかしそれは当時の一般的な弁論術を用いた演説ではなく、彼が『哲学のすゝめ』を著したその初期に彼自身の手によってすでに完成をみていた、「三段論法(syllogisimos)」と通常訳される演繹推論をその主たる言論形式とする演説的説得とみるべきであろう。

アリストテレスの手法は、多くの場合、まずある見解を前提として提示し――たとえば「哲学知は取得することが可能である」――、それを推論によって論証することで相手を納得させるというものである。すでにこの解説(九九頁)でも示したように、哲学知は本来魂にかかわる領域、自然にかかわる領域をともに一つとして扱う知であるとされるが、たとえば魂に関する学知の取得が十分可能であることについてつぎのような論証を与えている(ここで「より先のものはその反対のものよりいっそう知られうるものである」「より善いものはその反対のものよりいっそう知られうるものである」の原則の提示とその証明がすでになされていたことを想起しておこう）。

まず身体についての学知（体育術、医術）がすでに存在し獲得されていることを確認したうえで、

（大）より善いものは（その反対のものより）いっそう知られうるものである。

（小）魂は（身体より）いっそう善いものである。

（結）したがって魂はいっそう知られうるものである。


と推論することで、魂とその卓越性（徳）についての学知は当然よりいっそう取得する可能性のあることが明らかにされ、哲学を学ぶべきであることがすすめられることになる。

哲学的プロトレプティコスはその言論形式の「論証的であること」が条件とされたが、ここで再びイソクラテスに戻ってそのプロトレプティコスの説得方法を、その代表的なものとみられ、伝統的に三部作とされる作品の一つ『デモニコスに与う』についてみておこう。

デモニコスに対してイソクラテスは「君は学問教養を熱望し、私の仕事はといえ

ば、他の人たちを教育することだ、また君にとってピロソピアーを始める機は熟し、私のほうはピロソピアーを始めた人たちを指導している」（3）ことを述べ、「若い時にどのようなことがらにつとめ、どのような行いを避けるべきか、どのような人たちと交際すべきか、どのようにして自分自身の人生を修めていくべきかを忠告したいと思う。ここに示す人生の道を歩む者たちだけが徳というものに真に到達することができるのです」（5）と前置きしてから、たとえば「あることを語ろうとする前に、その内容を心の中で検討すること。その舌が思いに先走っている人は数多いから」（41）といった忠告文を手短に五十二項目にもわたって語りかけている。

同じ三部作の一つ『ニコクレスに与う』にもほぼ同様の手法がとられていて、王子ニコクレスに対してまず「王たる者のなすべき仕事は何であるかを熟考するよう」（9）述べ、以下にたとえば「貴君自身が自らによって最善の忠告を受けることになるのは、劣った者がすぐれたものを支配し、愚かな者が賢い者に命令を下す事態を恐れるべきことと考えることです」（14）などの忠告を数多く与えている。この手法についで、イソクラテスは後期の大作『アンティドシス』の中でつぎのような説明を加えている。

ここではいわば頭の部分（主要項目）を切り離し、それによって私が語ろうとする忠告の一つ一つを手短に述べようとしている。これを主題とした理由は、勧告という手段をとることで彼の理解に最もよく益することができ、かつまた私の生き方を最も手早く示すことができると考えたからだ。（68-69）

忠告や勧告、訓戒が手短に、そしていくらかのコメントを伴って語られるこの言論形式は弁論家たちがプロトレプティコス的言論を実践するにあたって用いる最も一般的な手法であったといえるだろう。その手法は、「論証的であること」を特徴とする哲学的プロトレプティコスのそれと異なることは明らかである。

エピクロス派とストア派

同じ哲学的プロトレプティコスを実践した人たちとみられるエピクロス派とストア派におけるプロトレプティコスの言論形式はじっさいどのようなものであるのか、その点を以下に考えてみたい。

エピクロスはその『メノイケウス宛書簡』の中で、

人はまだ若いからといって、哲学することを先にのばしてはならないし、年をとったからといって、哲学に倦むことがあってはならない。なぜなら、いかなる人も魂の健康にとって、早すぎることも遅すぎることもないからだ。哲学するのにその機はまだ熟していないだの、それはもう過ぎ去ってしまったなどと言う人は、あたかも、幸福にとって、まだ機が熟していないだの、もはやその機ではないなどと言う人と同様である。だから、若い人も年老いた人も、ともに哲学すべきなのだ(philosophēteon)。（122）

と呼びかけている。この哲学のすすめの言葉のあと、彼はさらに具体的につぎのように語っている。

私が君にたえず忠告してきたことを、善く生きる（幸福である）ための基本原理と考えて、これを為そうと思い、実行しなさい。（122）

彼のあげる基本原理とは、神々、死、快と苦、自足（アウタルケイア）、理知（プロネーシス）などエピクロス派哲学の主要教説にかかわるものであり、相手メノイケウスがこれらを正しく理解し、それにもとづいて行為することが「善く生きること」につながることを説いている。その具体的事例として、エピクロス倫理学の主要事項の一つ「死」についてみておくことにしよう。死への恐れが人生を破滅させることがあってはならないのである。

死は私たちにとって何物でもない、と正しく認識するなら、その認識は、この可死的な生を楽しいものにしてくれると言うのである。ただしそれは「この生に無限の時間をつけ加えることによってではなく、不死への願望を取り除いてくれること」(124)で可能になるのだとされている。

このように認識し実践すべき基本項目が端的に忠告され、その理由も要を得た形で短く告げられる。そこにみられる言論の形式はアリストテレスの『プロトレプティコス』で用いられていた「推論」である。右の文章についてみるなら、

(大)すべて善いこと・悪いことは、感覚にもとづく。
(小)死とは感覚の喪失である。
(結)ゆえに死はいかなる善いこと・悪いことでもない。

つまり死はわれわれにとって何でもないもの、となる。感覚の明証性こそすべてのものの基礎であるとするエピクロスの認識論が、さらに感覚されるものはすべて真であり存在するものであるとする実体論がこの推論の出発点となっている。

ストア派におけるプロトレプティコスについても先の「三条件」が検討されなければならない。ストア派の初期から中期にかけては、残念なことに、その著作はほとんど失われて、わずかに断片が残されているにすぎない。しかし、初期ストア派の最重要人物クリュシッポスにも、断片ながら「哲学すべきである」(philosopheteon) という言葉が用いられたことの証言が残されている。

しかし幸いなことに、中期ストア派の主要人物ポセイドニオスが書いたと伝えられる『プロトレプティコス』(現存していない) に対して一部批判を試みながらも、その内容のおおよそを彷彿とさせる作品——『倫理書簡』第九十篇——を後期ストア派のセネカが残している。

この書簡集は、セネカが先にふれたエピクロスの『メノイケウス宛』など二通の書簡の影響を強く受けて成立したことが知られている。この第九十書簡はルキリウスという名の、セネカよりいくらか年下の教養ある人物に対して、哲学することが善く生きること、幸福への道につながるものであることを語り忠告する内容となっていて、第九十書簡はまさに「プロトレプティコス」といってよいものであろう。

第九十書簡はつぎのような構造をもっていると考えられる。

まず（1）哲学——「知恵」あるいは「徳」と言いかえて表現される——が「善く生きること」を可能にするものであること、そして哲学の仕事とは何であるのかということについて語る導入部が示される（1-3）（A）。ついで（2）神話的黄金時代の、自然に従って生活していた人びと——「賢者」とも呼ばれている——の幸福を語る部分がつづく（4-6）（B）。さらに（3）哲学という知恵は日常生活で用いられるさまざまな技術を発明したとする中期ストア派のポセイドニオスの考えを強く批判し（7-13）、哲学知と生活技術知を対比させることで賢者の生と愚者の生の異なりを示し（14-19）、再び哲学知は生活技術知の発明にはまったく関与しないことが語られる（20-25）（C）。

ついでまた、（4）哲学知の本来の仕事は何かということ（すなわちそれは「宇宙の真の姿」「万有の始源」「万有に内在する理性」に思いを馳せ、魂について思考し、さらに真実とその証明を、そして生と言葉の曖昧さをいかに判別するかを追究することである）が語られ、哲学知が目指すものは「幸福」であり、それにいたる道を拓くものであると主張される（26-29）（A）。

さらに（5）哲学知は生活技術の発明に関与しないという主張が再度なされ（30-33）（C）、つづいて再び哲学本来の仕事が何であるか、が示され（34-35）（A）、ついでまた（6）哲学知に先立つ幸福な時代、黄金時代の「賢者たち」の話がつづく（35-44）。ここでこの時代の「賢者」と哲学知が対比され、「彼らの生活がすぐれた、罪のないものであったとしても、彼らは真の意味での賢者ではいまだなかった」こと、つまり彼らにはいまだ「完全な才能」はそなわっていなかったことが示される（B）。

そして最後に（7）結論ともいうべきものが、まさしくノロトレプティコスとして語られる（四五―四八）。その内容は最初の序言ともいうべき箇所の内容とも見事に相応している（A）。

結論として示された基本項目はつぎのようである。

（i）徳（すなわち知恵、哲学）そのものは、自然から与えられるものではない（44）。
（ii）しかし徳の素材（virtutis materia）は与えられている（46）。
（iii）善い人（徳ある人）となるのは（人間の側からの）方策（ars）による（45）。

（iv）徳は、徹底して教え込まれ、絶えざる修練によって究極点に達した精神にはじめて可能である（46）。

これと対比させて序論で語られていたものをあげてみよう。

（a）哲学知は「善く生きること（幸福）」を可能にする（1）。
（b）神々はわれわれに「生きること」を与えた（1）。
（c）神々は哲学知そのものを人間に与えてはいない（1）。
（d）しかし神々は（哲学知のための）能力はすべての人間に与えた（2）。
（e）哲学知は各人が自らの力で獲得すべきものである（2）。

序論に示された基本的見解が結論部において再び正しく認識されていることは誰の目にも明らかであろう。また全体の構成はA—B—C—A—C—A—B—Aとくりかえし循環する形をとっていて、哲学知の本性とその仕事にかかわるAが、黄金時代のナイーブな「賢者」を語るBと、さらに哲学知が生活技術と異なることを主張するCの二つとくりかえし対比されることで、その異なりが強調を深められ、さらに明確化されてゆき、これまでみてきたプラトン、アリストテレス、エピクロスらの「哲学的プロトレプティコス」のあからさまな「論証的言論形式」と比べて、むしろ弁論術的な説得をも思わせるものとなっている。

序論部分（1-3）にも結論部分（44-46）にも明確な形での演繹推論が示されているとはいえない。セネカ自身、あらゆる場面で、たとえば一般の人びとへの語りかけや勧告の中でこの種の推論を提示することはむしろ人びとの心をとらえる妨げにさえなることをあからさまに語っている。

その昔、「いかなる悪も名誉あるものではない。だが、死は名誉あるものである。ゆえに、死は悪ではない」と推論を用いて語りかけたと伝えられる大物人物に、セネカは「いやありがたいことです！　これで私は死の恐怖からすっかり解放されました。これからは迷うことなく首を差し出すでしょう」（『倫理書簡』82.9）と語っている。もちろん皮肉をこめた批判の言葉である。

彼はこうも言う。「白らを死に立ち向かわせるためには、死は悪ではないと屁理屈をこねて君を説得しようとする人からはなんの励ましも鼓舞も得ることはない。その種のことがらに対しては、たんに言葉ではなく、魂を間断なき思考によって鍛えておくことが肝要」（八二・八）と言うのである。

この「プロトレプティコス」においても彼は右と同じ心がまえをとっていたとみることができるだろう。序論と結論にみられる言葉は、彼にとって推論の形をとって示すことは十分可能なものであったと思われる。ストア派の哲学者として彼もまた論理学の重要性は十分認識しており、書簡集のいくつかの箇所でも推論を用いた議論を行っている。しかし一般の人たちに哲学のすすめを説く彼はその場を十分に理解したうえで言論の形式を選びとっていたのである。このプロトレプティコスにおいて最も注目すべき点は、哲学知の本来の仕事は何か、を正面に据える形で論じていることである。たんに徳を、ではなく哲学の知がいかなる知であるかを説き示すことで、セネカは哲学のすすめを明確に行っている。

イアンブリコス

「哲学的プロトレプティコス」の系列の、時代的に最後期のものとみられるのは、新プラトン派のイアンブリコス（二四〇年頃～三二五年頃）による『哲学のすすめ』(Protreptikos epi philosophian) である。プラトンの『エウテュデモス』が書かれた時からおよそ七百年の歳月が経っている。

この書物は全二十一章からなり、そのうち第六章から第十二章までの七章はアリストテレスの『プロトレプティコス』一作をほぼそのまま取りこみ、さらに第十三章から第十九章までの七章はプラトンの『ゴルギアス』『パイドン』『テアイテトス』『国家』『法律』などの作品から「プロトレプティコス」としてふさわしい文章をほとんど改変することなく取り入れて構成され、始めの部分（第一章）と最後の部分（第二十一章）は、それぞれ、イアンブリコス自身がプロトレプティコスをなす場合のいわば全体計画とその方法論を、そしてその具体的実践の様子を示すものとなっている。
　その全体計画と方法はどのようなものであるのか、まずそれについて目を向けてみよう。

　勧告《プロトロペー》（protropē）もまた共通なものから出発して、道にもとづいて進まなければならない。なぜならそれは、どのような指導をするにしても、ひたすら哲学へと刺激し、哲学することとそのことへと駆り立てることになるであろうから。ある一つの学派が他に優先されることはまったくなく、むしろ一般的で大衆的なプロトレプティコスの手法によって、すべての学派は全体として共通に推奨され、それらは他の人間的生業に比べてより高く評価されることになるのである。（1.41.1-8）

プロトレプティコスにあたって、まず最初に試みるべきことは、どの哲学学派の原理や方法にも偏らない、むしろそれら全体にも共通するような一般的通俗的な方法で哲学することを勧告することである。つまり「すべての学問やすべての知識、生活におけるすべての美しく高潔な行為、すべての教養など、要するに、美にあずかるすべてのものへと、人間のうちなる情熱を駆り立てる」(1.40.10-14) ことから始めなければならない。哲学知の獲得のためには広い教養基盤が必要だというのである。この点が示されたのち、なすべき第二の手順として彼はつぎのように述べる (彼は新プラトン派の主要哲学者の一人であるが、当時行われていた新ピュタゴラス主義にも深い関心をもち、以下に示されるように、自身をこの派の一人であるとしている)。

しかしこの後、なにか中間的な方法を用いるべきである。それはまったくの大衆的な方法でもなければ、完全にピュタゴラス派的なものでもなく、これら二つの方法のどちらからもまったくかけ離れたものでもないものである。この方法の内に、われわれは共通で一般的な哲学へのすすめを配置することになるであろうが、しかしわれわれは、ピュタゴラス派の人びとの最も有力な見解を混ぜ合わせることになるだろう。したがって少なくとも言論のこの (中間的) 方法によるかぎり、ピュタ

ゴラス派の人びととの方法は親しいものとなる。（1.41.3-17）

ここには「一般的通俗的な方法」とあわせ、とりわけピュタゴラス派哲学の、というわけではない「一般的な哲学へのすすめの方法」――そこに主としてプラトンの、そしてアリストテレスによる「すすめ」の方法が示されることになる――が探られることになる。つづいて彼はこうも言う。

そのところから、気づかぬままに、それが自然なことだが、われわれは、（ピュタゴラス派の思想とはなじみの薄い）外部の思想から離れ、そして道を変えてこの学派の下で体系づけられた論証に親しむことになるだろう。それはちょうどなにか橋か梯子を通って下から上へと登っていくようなものである。（1.41.17-21）

最後の手順はつぎのように示される。

そして最後に、われわれは、ピュタゴラス派に固有のプロトレプティコスをまとめておくことになるだろう。それらは他の学派の導き方とは異なるものであり、ま

たある点からすれば立言不能の神秘的なものである。(1.41.22-24)

哲学一般の手法によってではなく、純粋にピュタゴラス派固有のすすめの方法によって、その真の哲学知へと駆り立てられる究極の段階ということになる。それは「橋か梯子を通って下から上へと登っていくような」と表現されている。

先の三つの要素をまとめるなら、その方法はつぎのようになる。

(1) 他のいかなる哲学学派にも言及することなく、一般的で大衆的なプロトレプティコスによって哲学することをすすめる(第二章)。

(2) (1) のように完全に一般的大衆的手段を用いることでもなく、またピュタゴラス派固有の方法を用いることでもない。一般的大衆的手法と、共通で一般的な哲学の方法の混在した「中間的な方法」によって哲学することをすすめる(第六章—第十九章)。

(3) ピュタゴラス派に固有のプロトレプティコス、すなわちピュタゴラス派の金言的信条(symbola)を解釈することで哲学をすすめる(第二十一章)。

（1）の方法は一般的格言を用いて哲学することを勧告する第二章において示される。その冒頭でイァンブリコスはつぎのように語りはじめる。

では、われわれは、われわれにとっての第一のものどもから始めよう。それらは、明白ですべての人びとに明らかなものであり、けっして徳の本質を先よみすることをしないもの、すなわちその本質についての共通見解にもとづいて語られたものの、多くの人びとによく知られ、実在するものどもの明白な範型に則してつくり出された格言に従うことで、われわれに情熱を呼び起こすものなのだ。(2.41.25-42.5)

私たちにとって最も身近に知られ、明らかであることがら、格言から徳のすすめを行おうとする彼の意図はつぎのような具体的実例から明らかに読みとることができる。そのいくつかをみておこう。

もしわれわれが魂によって生きるとするなら、魂の卓越性（徳）によって善く生きることが大切である。われわれが目によって見ようとするなら、その目の卓越性

によってよく見る必要があるのと同様に。（2.42.6-7）

黄金に錆のつくことを思う必要はすこしもないし、徳に醜さがまといつくことを思う必要はすこしもない。（2.42.7-8）

徳については、人は賢い妻に対するように心から信頼すべきであり、他方偶運については気まぐれな娼婦に対する程度に当てにすべきである。（42.11-13）

悪徳の伴う富よりも貧の伴う徳をより善いこととして選び取るべきだ。病いの伴う（食の）潤沢さよりも健康の伴う欠乏を選び取るべきであるように。（42.13-15）

これらはいずれも「比喩によって類似のことがらを対比させる」（43.18-19）という手法によって徳へのすすめを実践するタイプのものといえるだろう。

（2）の方法、すなわち「一般的通俗的な方法」と演繹や帰納の推論を用いて哲学をすすめる「一般的な哲学的方法」の混在する「中間的方法」は、アリストテレスの『哲学のすすめ』をほぼ全面的に借入してなされる第六章から第十二章にかけての文章の内に明らかにみてとることができる。

つづいてプラトンの数種類の著作の一部文章をほぼそのまま引用することで成り立つ第十三章から第十九章がつづくが、ここにも一種の推論としての問答法が用いられ、アリストテレスの場合と同じように（2）の方法がとられているとみてよいだろう。ただし、プラトンの原著作についてはその通りと認めることができるが、しかしイアンブリコスの引用実態はこれとは大きく異なって、推論、論駁法などを含む部分は、第十九章に一部認めることのできるものを除くなら、全章にわたって、すべて引用から除外されている。

プラトンからの引用については、「論証的な言論形式」よりも、むしろ「一般的通俗的な手法」による事例がより多く採用されているといえるだろう。ここではそのプラトンの手法をみておくことにしよう。

たとえば第十五章では、教育のあることと無教養に関連して、「われわれ人間の本性を、つぎのような状態に似たものと考えてみるべき」として、私たちにも広く知られた「洞窟の比喩」（『国家』7.514A-517C）が印象深く語られている。また第十七章では、ある男が節度のある人と放埒な人の生のどちらが幸福であるかについて、前者を傷のない、しかも健全なもので満ちている瓶に、後者を孔があいてひび割れし、夜となく昼となく絶えずそれを満たさなければならない瓶に譬える話を引用することで論がすすめられる（『ゴルギアス』492E-493C。しかも、プラトンの原著作にはこの譬えによる話の直後にみえている、快の生は善き生ではないとする重要な論駁〔エレンコス〕部分〔495E-499B〕はすべて削除されて、この場に引用されることはない）。さらに第十八章でも人間の真の卓越性（徳）をめぐる議論の中で身体的健康と魂の健康のアナロジーが用いられている（『ゴルギアス』504A-505B）。

もう一つ比較的短い章、第十六章に引かれているプラトンの『国家』第七章の文章にも注目してみよう。それもまた私たちにもよく知られた「魂の目の向け替え」としての教育理念を語る文章である（7.518B-519B）。ソクラテスは語っている。教育というものは、ある人びとが公言するような、知識のない魂の中に、知識を入れてやる――「あたかも盲人の目の中に、視力を植えつけるかのように」――ことではなく、

ひとりひとりの人間がもつそのような（真理を知るための）機能と各人がそれによって学び知る器官は、魂に内在しているのであり、ちょうど目を闇から光へと向け替えるには、身体ごと転向させるのでなければできないように、（魂の目が）真実在、そして真実在のうち最も輝くものを観照することに堪えうるようになるまで、魂全体でこの生々流転する世界から転じなければならないのだ。（7.518C）

ここで一つことわっておくべき注目点がある。それは、原著作にあるソクラテスの

対話相手グラウコンの姿はどこにもみえず、彼の「そのように思われます」「そうありそうなことです」などの言葉もすべて除かれ、つまり対話的問答の形は消えて、したがってソクラテスの名さえもなく、全体はある人物・哲学者（イアンブリコス自身とみてよいだろう）による一人称単数あるいは複数の形での演説、講演風の文体に変えられている。この変更はプラトンの文章を引用することで構成されている第十三章から第十九章全体にわたってなされている。

さて彼はさらにつづける。

それなら、教育とは、どうすればその器官を最も容易に、最も効果的に向け替えさせることができるか、の転向の技術にほかならないだろう。それは、その器官の中に視力を植え込むのではなく、視力ははじめからもってはいるが、向きが悪く、見るべき方向を見ていないから、その点を考察する技術なのだ。(518D)

すでにふれたように推論はアリストテレスにおいてはじめて成立し、彼がこの論証的推論を用いることで哲学の探究をつづけることになる様子はすでにみてきた。しかし彼の師プラトンはその数多くの議論を、ごく少数の例外を除いて、この推論の形式で提示することはなかった。右に引いた第十六章の事例は、同じ種・類のものでより知られることの少ないことがらについて立証するために、他のよりよく知られたなじみの深いことがらを用いて、個別事例から個別事例へと議論をすすめるものである。これはのちにアリストテレスが『分析論前書』や『弁論術』の中で「例証による議論」（一種の帰納法）として説明しているもののタイプといえるだろう。

例を用いた議論はその結論を直接証明することにはつながらないとしても、相手に対して説得的ではありえたと思われる。厳密な議論方式である推論を最も重要視するアリストテレスもまたこの例による議論方式をも広く活用している点ではプラトンと変わってはいないのである。

（3）の方法は、最後の第二十一章でピュタゴラス派固有の金言的信条（symbola）三十九項を提示し、その一つ一つについてイアンブリコス自身の解釈を施すことで哲学のすすめを行うものである。この最終章には序文（21.131.16-133.6）が置かれているが、その前半の文章（21.131.16-132.13）は先にみた第一章で語られたものとほとんど同一内容のものであることも記憶にとどめておきたい。この方法の実際についていくつかみておこう。

第四項に「大通りを避けて、小道を歩め」があげられ、それについて、「それは一般民衆の、人間的な生を離れることを勧告し、（この世から）離れた、神的な生を追究することを求めるものである。それゆえ一般共通の見解は軽んじるべきだが、固有の学派的見解は重視しなければならない。また人間に向けられた楽しみは無視すべきだが、神の意志にもとづく成功は重視しなければならない。つまり卑俗なものである人間的慣習は、卑俗な生よりもはるかにまさった神的祭儀と取り替えられるべきものなのだ（21.138.1-9）といった教訓的解釈が与えられている。

第十三項は「桎梏をまたぎ越してはならない」である。それについては「正しい行いをなすことを勧告し、平等と中庸とをとりわけ大切にすること、そして正義を最も完全な徳として認めるよう勧告する。他のものはそのもの（正義）の補足的なものであり、そのものなくしてはいかなるものも有益とはならないのだ。そのものを粗略に認知することがあってはならない、そうではなく学理と論証によって認識すべきである」（21.140.20-25）などの言葉で説明されている。

最後にもう一つあげておこう。第二十項は「道路でものを割ってはならない」である。それにはつぎのような解説が与えられている。「哲学は道路に似ていると思われる。そこでこう語るべきだ。その哲学を、すなわち知へのその道を選べ。その道では君は（ものを）割ってはならない、そこでは君は矛盾する意見を表してはならないのだ。むしろ厳として存在するものを、そしてその自己同一性が数学と観照という手段を通して学問的論証によって確固とされたものを表明すべきである。つまりピュタゴラス的方法をもって哲学せよということである」(21.144.1-6)。

ここにあげられている金言的信条は、すでに明らかなように原始的な禁忌の類である。イアンブリコスはこれらのものをあらためてピュタゴラス派思想によって解釈し直すことで哲学のすすめを実践している。このやり方は「他の学派のものと比べて異なるもの」、「ある点からすれば立言不能の神秘的なもの」であるとさえ彼は語っている。しかしこの第二十一章でも「哲学すべきである」(philosophēteon)の言葉は、プラトン、アリストテレスの文章をそのまま用いて哲学のすすめを語る中心部の章とかわることなく、たとえば第十七項や第十九項のあとのしめくくりの言葉として同じように用いられている。

私たちが注目してきた哲学的プロトレプティコス成立の三条件のうち、言論形式が「論証的であること」について、その視点からイアンブリコスの『哲学のすすめ』を総括しておくことにしよう。

すでにその核心部分ともいうべき第六章から第十九章の内に十分確認できるように、プラトン、とりわけアリストテレスの言論形式が推論などを中心とするものであること、これをそのまま取り入れているイアンブリコスのプロトレプティコスはしたがってこの条件にかなうものといえるだろう。

さらに一つつけ加えて、第五章において、彼が「残るところは（哲学への）すすめをなすために、ピュタゴラス派のディアイレシス（diairesis）に頼る必要がある」(5.55.29-30) としてつぎのように語っていることをあげておきたい。

この学派の人たちは、その師（ピュタゴラス）の教えに従って、哲学へのすすめの教説を分割（diairesis）し、それを手際よく補強し、完璧に学的な、またいかなる矛盾をも受け入れない論証によって確固たるものとする人たちである。(5.55.32-56.4)

さらにこれは「他の哲学とはまったく異なった形での」手法であるとも語られている。この分割という方法は第五章の中であげられている七つのプロトロペー（プロトレプティコス）にみえている。ただしここに引用される文章もそのほとんどがプラトンの『エウテュデモス』、『クレイトポン』、『アルキビアデス　I』、『法律』第五巻、『ティマイオス』、『国家』第九巻、アリストテレスからの借用にもとづくものである。一例をあげる。その第六プロトロペーは、『国家』第九巻（588E-591E）の文章が引用されるなかで、魂が理知、気概、欲望の三つの部分に分割区分され、この考えのうえに「魂の内なる協和音、善い人・正しい人」の成立が語られるが、そのあと、イアンブリコス自身の言葉で、たとえばつぎのようにしめくくっている。

たしかに、彼は一つのことを他のあらゆるものと取り替えてでも、そのただ一つのことすなわち理知の獲得を試みるだろう。そして彼は、知性の獲得に身を捧げつつあらゆることを為すだろう。それはまさしく哲学することにほかならない。したがって、善く生きること（幸福であること）を願うものたちは、すべてのものの中でもとりわけそのディアイレシス（分割法）に則して哲学すべきである（philosophēteon）。（5.64.23-28）

イアンブリコスにおいてディアイレシスという哲学の一つの方法が強調されている――「ピュタゴラス派のディアイレシス（tais Pythagorikais diairesesi）」とさえ銘打たれている――が、その内実はすべてプラトンの著作の内に示されているものであり、プラトンの、とりわけ後期著作における主要な方法（問答法の一つの形）であったことを思うなら、それがとりわけピュタゴラス派固有の方法であるとすることは、これらのプロトロペーに示されているかぎりでは明らかではない。

さらに三条件の一つ「哲学すべさである（philosopheteon）」の結語についても一言ふれておきたい。

イアンブリコスの『哲学のすすめ』では、この言葉は第五章に類似句（anankaion ūn philosophein）一回を含めて三回、また第六章から第十二章のアリストテレスからの引用文中に六回、そして最終章第二十一章に二回、合計十一回用いられている。最終章のイアンブリコス自身の文章中にみられる二回の使用を除いて、いずれもプラトン、アリストテレスの文章をほぼそのまま引用することで構成した第五章から第十二章の内にみられる（そのうち第十一章の語〔11.89.5〕はイアンブリコスの加えた加筆文の中にみられる。その他はすべて原文にあったものと考えられる）。この語は論証的特徴の最も濃密な中核部分ともいうべき文章の内に最も頻度多く用いられているといえるだろう。

このようにみてきた私たちには、先の三条件は「哲学的プロトレプティコス」の語を規定するのにほぼ妥当なものであると考えられる。ただし条件（1）については、その著作題名に、あるいはその作品の内に「プロトレプティコス」の言葉が用いられ、哲学のすすめを主目的とするものと認められるもの――たとえば『エウテュデモス』や『メノイケウス宛書簡』などのように――については、問題はないと思われる。さらに、プロトレプティコスにかぎらず、その同類語パライネシス（parainesis）「パラクレーシス」（paraklēsis）「プロトロペー」（protropē）などの言葉も条件にかなうものとみることができる。イアンブリコスの『哲学のすすめ』にも、たとえば第二十一章に「哲学のすすめ」（protrop eis philosophian）、「哲学することをすすめる」（philosophein parainei）の表現がみられ、これら同類語がほぼ互換的に用いられていることが理解される。

（注）もう少し委細をつくすなら、第二十一章の同様場面で parainesis（parainein）は、137.19, 142.2, 148.19 の三回、protreptikos, protropē（protrepein）は、131.23, 27, 137.16, 142.13 の四回用いられている。例 protropē eis philosophian（131.26）, philosophein parainei（148.19）。ストア哲学の場面について一言すれば、セネカはギリシア語の parainesis をラテン語 praeceptum にあたるものとみて、ストア派の、忠告・勧告を与える哲学部門（pars philosophiae）を、praeceptiva と呼んでいる。いわば「哲学のすすめ」の担当部門である（セネカ『倫理書簡』95.1）。

しかしここで考えてみなければならない問題が一つあるだろう。それは条件（2）の言語表現――「哲学すべきである」――を欠いている、しかし魂のあり方について深く立ち入って配慮（epimeleia）することをすすめる作品があることである。

これはプラトンの全著作、とりわけ初期作品に共通する要素的特徴であるともいえようが、ここでの問題点は、「哲学のすすめ」の主旨をもつとみられる数編の作品について、「哲学すべきである」の表現はみられないにしても、そこに特徴的に認められる「(汝自身の) 魂に配慮すべきである」などの言葉は、それに代わるものとみることができるか、ということである。プラトンの『アルキビアデス　I』の中で、ソクラテスが相手のアルキビアデスに対して語りかける「魂の世話をしなければならない」(epimelēteon) の言葉は、私たちのこれまでみてきた「哲学しなければならない」(philosophēteon) とかかわりない響きがあるようにも思われるのである。

魂は「自分自身そのもの」とされ、その「自分自身」への世話、配慮、そしてそのことの勧告が主題となっている対話篇として、たとえば『エウテュデモス』『アルキビアデス　I』『ソクラテスの弁明』などがあげられる (『エウテュデモス』はその中に「哲学すべきである」の表現三回が認められるので、ここでの考察対象からは除く)。「魂の世話」とは、「いかにすれば魂が最もすぐれたものになるか」(『弁明』29E-30B) に気を配り思案することであり、また魂のすぐれたあり方は「徳」であるから、「魂の世話」のすすめは、ほかならぬ「徳へのすすめ」でもあることになる。

しかも魂は、「魂のすぐれたあり方 (徳) である知恵 (sophia) が生じるような、魂のそのところ」「知る、思慮するということがなされる座としての魂」（『アルキビアデス　I』133B-C）と語られるように、ソクラテスにとって知性、思慮の座そのものである。魂の世話へのすすめは、徳へのすすめであり、さらにつめて言えば、ソクラテスにとって知性・思慮を研《みが》き高めること、すなわち哲学することへのすすめを意味するものでもあったといえるだろう。

ここでプロトレプティコス的対話篇としての『ソクラテスの弁明』について少しふれておきたい。ソクラテスはつぎのように語っている。

私は哲学することをけっしてやめないでしょう。私は皆さんに勧告し、いつ誰に会っても、みなさんに証示することをやめないでしょう。（29D）

「哲学すること」が「魂をできるだけすぐれたものにするために配慮すること」（29E）のためにというよりも、むしろそのものであることは明らかである。ここに条件（2）の「哲学すべきである」の直接的な言葉はないが、「魂の世話」はまさに「哲学すること」に他ならないことが語られているといえるだろう。さらに条件の（3）をも視野に入れて考えてみよう。先の言葉につづいてソクラテスはこう述べている。

もしみなさんの誰かが、自分はそれ（魂の世話）に配慮していると主張するなら、その人をすぐには放さず、彼に問いかけて調べたり、吟味したりするでしょう。（29E）

魂への配慮の必要をひたすら忠告し勧告するだけでなく、「配慮している」という人がいるなら、問答によって調査し（exetaso）、吟味する（eleuxō）ことでその人の魂の現実のあり方を明らかにする、「証示する（endeiknumenos）」ことがソクラテスにとって「哲学することをけっしてやめないでしょう（ū mē pausomai philosophōn）」のもう一つの要素であるといえるだろう。

『アルキビアデス　I』においても、ソクラテスとの問答法議論は、たとえば正と美と善（利益）との相互同一性についてなされている（114E-117B）。その結果、アルキビアデスはアポリアーに陥り（118B）、この種のきわめて大事なことがらについて、無知であるばかりでなく、知らないのに知っていると思っていることが明らかとなって、自身、「ふぬけ状態です」（116E）と語る。まさにこの哲学的吟味のプロセスを経ることで彼は、「自分自身（魂）に気をつけること」（124B）の重要性に気づくのである。

さらに条件（1）についても、「魂への配慮」ということをソクラテスはつねに彼の出会う人びとに「忠告し勧めている」（parakeleuomenos）、と語っている。『ソクラテスの弁明』は右の三条件をすべてそなえた哲学的プロトレプティコスとしてみることも可能であるように思われる。

しかし、哲学的プロトレプティコスとしての作品は、「哲学」という言葉をじっさいに用い、いわばそれを正面に据えて「哲学すること」そのことを説きすすめることと、さらにその哲学という知識がいかなるものであるかを説き語り、あるいはむしろ理論的に究明し説明するものであるとみるべきであろう。「哲学」とは何であるのか、それは善いもの、益あるものであるのか、さらにその知の獲得は可能であるのか、といった問題に応答することで一般の人たちに知を愛すること（哲学すること）をすすめることが、七百年余にわたって継続された厳密な意味での哲学的プロトレプティコスのあり方であると考えられる。

右の点を先の三条件に基盤条件として据えることで、私たちは、たんに「徳への」あるいは「魂の配慮への」すすめではなく、端的に「哲学」「哲学すること」をすすめる形式をもつものを、哲学的プロトレプティコスと名づけることにしたい。

この伝統の先頭に立つとみられるプラトンの『エウテュデモス』では、先にもふれたように「哲学すべきである」の言葉は三度くりかえされ、「哲学知」に向けて限定されて語られるプロトレプティコス（動詞形も含め）の語も六回に及び、さらにその哲学知がいかなるものであるかが、細部にわたって議論されている（ただし結論は出ずアポリアーの状態で終わっているが）。哲学知をめぐってはそれが善いもの、益あるものであるか、また獲得は可能であるかの議論もなされている。さらに注目すべきことは、「善く生きる（幸福である）」こととのかかわりの中で哲学することの意義が論じられ、この視点は最後まで濃密に存続している。『エウテュデモス』は私たちが右に述べてきた、哲学的プロトレプティコスとしての基礎的要素をすべてそなえた典型的作品とみることができるのである。

アリストテレスの『プロトレプティコス』もこの基礎的要素を十二分にその内にもつとみることができるのは、これまでの叙述からも理解されるだろう。さらに第七章、第八章、第十一章、そして第十二章にも、理知（哲学知）の生が「幸福」といかに深くかかわるか、が詳しく論じられていることも、プロトレプティコスに特徴的な「幸福の枠組み」の存在を強く実感させてくれる。

イアンブリコスの『哲学のすすめ』についても、それが中心部分にプラトン、とりわけアリストテレスの『プロトレプティコス』をすべて取り込むことで構成されていることを思うなら、哲学的プロトレプティコスの条件的要素はすべてそなえているものとみることができる。またこれまでの彼について述べてきたことからみても、その著作が全体としてこの条件にかなうものであるかについてはあまり問題はないように思われる。その点について彼自身の考えを全体にわたって詳しく検討する余裕はないが、プラトンの著作を引用することで構成された部分に彼自身が加えた章句に目を向けてみよう（アリストテレス引用の各章に付加したものについては、第八章後言、第十章前言、第十一章前言と後言、および第十二章前言と後言〔いずれも訳文参照〕の中で右の点を確かめることができる）。

その第十四章はプラトンの『テアイテトス』（173C-177B）を引用することで成り立っているが、その章の最後「後言」に彼はつぎのように述べている。

最も神的で最も幸福な生は哲学の内に時を過ごす人たちの生であると思われるなら、高潔な心をもって哲学に専念する以外、なにごとも為すべきではない。(105.24-27)

哲学の生が最も幸福な生であるとする彼自身の主張はさらに、『国家』第七巻（518B-519B）と『ゴルギァス』の引用から成る第十六章の彼自身の「後言」の中でも、

さて今やわれわれはこの点にまで達したのだから、哲学のなす仕事がどのようなものであるかは明白であり、同時にそれが価値のあるものであることは明瞭である。というのは、魂から生成をはぎ取り、魂がもつ思考推理のできる活力を浄化することは魂にきわめてふさわしいことだからだ。……そこでわれわれはこのことに従事することにしよう。もしわれわれが真に幸福であることを願うなら。（111.10-17）

と語っている。もう一つあげておこう。『ゴルギアス』（506C-508A）、『メネクセノス』（246D-248B）、『法律』第二巻（660E-661C）の引用から成る第十九章の最後に彼は自身の思いをつぎのように語っている。

さて、もしもろもろの善きものが徳の生に最も多く加えられ、そしてそれらのも

のが真に善きものとなるのはまさにその時であり、また喜びはただ哲学することにのみ伴うとするなら、すべてこれらのことのために、真に幸福であることを願う人たちはまさにこの生を選択すべきである。(121.2-6)

知性(理知・哲学知)の生は、喜び(快楽)の生、徳の生のそれぞれ最も純粋なあり方をすべてあわせて内に含んでいる。したがって真に幸福であることを願う者は哲学すべきである、という彼の主張はアリストテレスの『プロトレプティコス』でのそれとほとんど変わらないとみることができる。イアンブリコスもまた明らかに哲学的プロトレプティコスの伝統につらなる一人なのである。

プロトレプティコスの伝統は、キリスト教徒の間にも広まり影響を与えている。アウグスティヌスがキケロのプロトレプティコス、『ホルテンシウス』に深い感銘を受けたことは「はじめに」(一四頁)でふれたが、キリスト教の説教にあたって教父たちもまた、しばしばすすめ、勧告としてのプロトレプティコスの形式を採用したことが知られている。たとえば、ギリシア的教養に深く通じ、キリスト教哲学の原型を形成した初期ギリシア人教父、アレクサンドリアのクレメンス(一五〇年頃〜二一五年頃）に『ギリシア人（異教徒）へのすすめ（Protreptikos pros Hellenas, Cohortatio ad gentes）』があり、その中で彼は、当時の諸宗教を厳しく批判するとともに、キリスト教が他の宗教や哲学に優越することを明らかにし、異教徒たちをキリスト教にひき入れようと力を込めて説得している。さらに彼の弟子で、ギリシア哲学にも詳しく、古代キリスト教最大の思想家といわれるオリゲネス（一八五年頃〜二五五年頃）にも、ローマ皇帝マクシミヌスの下で迫害を受けていた二人の友人に向けて書かれた『殉教のすすめ（Protreptikos pros martyrion, Exhortatio ad martyrium）』がある。

両者ともに、多くの著作が、とりわけオリゲネスには膨大な数にのぼる著作があったとされるが、その大部分が亡失している状況の中で、クレメンス、そしてオリゲネスにも『プロトレプティコス』が残り伝えられていたことからも、この種の型の著作が当時もいかに人びとの間で広く読まれ支持されていたかを知ることができる。

哲学的プロトレプティコスの二条件がキリスト教におけるプロトレプティコスに十分適合しえないことは予測されるとしても、少なくともその名称と形式が後代にも広く伝わったことは確かなこととといえるだろう。

3 『哲学のすすめ』の哲学――「理知（プロネーシス）」について

哲学へのすすめを説くこの最初期の作品の中にいかなる内容の「哲学」が示されているのかをめぐっては、これまでにも数多くの議論がなされている。三十歳代はじめの頃のアリストテレスがこの一般の人びとに向けた作品の中で説く「哲学」は、彼の師プラトンの哲学思想に深くよりそったものであるのか、それともそこにはすでにアリストテレス独自の思想が相当程度に認められるものであるのか、が問われてきている。

詳細をここで語ることはできないが、この時期のアリストテレスがプラトンに近い考え方をもち、彼の教説の多くを受け入れていたことはほぼ確かといってよいと思われる。他方で彼が師プラトンとは異なる考えをすでにもち、彼独自のものといってよい思想を展開しはじめていたとみることもできるだろう。細部の議論を除くなら、『哲学のすすめ』の中にこの二つの要素を認める見解は大方の研究者たちが共通に支持するものといえよう。

二つの要素のうち後者の事例を考えてみるなら、たとえば主として本書第四章

(Ⅸ)に見えている、すでにアリストテレスの独自の考えに基礎を置いて展開されたものとみられる目的論の思想、さらにこの作品全体にわたって用いられる、とりわけ第六章(Ⅺ)で示される概念、後のアリストテレス哲学にとって主要な概念の一つ、可能性と活動性の思想は、プラトンにその出発点をもつ考え方とはいえ、その独自色を発揮させる直前の段階にあるものとみられている。

哲学としての理知

『哲学のすすめ』のすすめる「哲学」はいかなる知——主として「理知(phronēsis)」という語で示される——であるのか、について以下に考えてみることにしよう。すでに『哲学のすすめ』のトポスの一つとして、この哲学知の取得可能性、善・有益性、取得の容易性の三点があげられていたが、哲学知というものを獲得することがじっさいに可能であることを説く、その箇所に注目してみよう(68.21-29)。

そこで、二つの原則が提示主張される。

(イ)より先のものはより後のものよりいっそう知られうるものである。

(ロ)より善いものはより悪いものよりいっそう知られうるものである。

この二つの原則（イ）（ロ）は別の原則を大・小の前提とすることでなされる推論のそれぞれ結論である。

（イ）については、

（大）原因は結果よりいっそう知られうるものである。（a）

（小）より先のものは後のものよりいっそう原因である。（b）

（ロ）については、

（大）規定されたもの・秩序づけられたものはその反対のものよりいっそう知にかかわりのあるものである。（c）

（小）より善いものは悪いものよりいっそう規定されたもの・秩序づけられたものである。（d）

この原則（イ）そして（ロ）も、ともにアリストテレスの師プラトンの中心理論、イデア論に基礎を置くものとまでは断定的に言うことはできないとしても、それに大きく影響されたものとみることは間違っていないだろう。原則（イ）の主張点をプラトンの著作の中から拾うとすれば、たとえば『国家』の「いろいろの美しい事物は認めるけれど、〈美〉それ自体は認めることのできない人は、夢を見ながら生きている人である。反対に、〈美〉そのものが確在することを信じ、それ自体と、それを分けもつものとを、ともに観てとる力をもっている人は、目を覚まして生きている人である。この人こそ本当に知っている人であり、その精神のあり方を〈知識〉と、他方の人は思わくしているにすぎないからその精神のあり方を思わくと呼ぶのが正しい」(5.476C-D 大意) などをあげることができるだろう。

私たちの周囲に見られる美しい花や絵画、人物などが「より後のもの」であるのに対して〈美〉それ自体というイデアとしての存在は「より先のもの」であり、このイデアとしてのあり方にこそ知識はかかわるものとされている。

原則（ロ）はどうであろうか。同じ『国家』にソクラテスがつぎのように語る箇所がある。彼は、〈善〉のイデアこそは学ぶべき最大のものである、このイデアがつけ加わってはじめて、正しいこともその他の事例も有用・有益なものとなるのだ、と語ったあと、さらにつづけている。「もしわれわれがこの〈善〉のイデアを知っていないとしたら、それなしに他のことをどれだけ多く知っていたとしても、それはわれわれにとってなんの役にも立たないことは、何を所有していても、善いことがなければなんのたしにもならないのと同じことだ。……善を除いて他のすべてのことがらに知恵をもちながら、美しいもの・善いものについてはなんの知恵もないとしたら」(6.505A-B)。〈善〉それ自体を知性のはたらきだけによって直接把握することこそ、知的世界の究極にいたること(7.532B)とされている。原則(ロ)の基礎をなすものとみることができるだろう。

(イ)(ロ)の原則は、いずれも演繹推論による結論である。それらの大・小の前提についても、その基礎にプラトンの思考を認めることは可能であると思われる。それについて簡単にふれておく。

まず原則(イ)(ロ)の大前提となるもの(a)については、〈善〉のイデアは感性的世界におけるすべての事物の、間接的ながらその「原因」としてあるだけではなく、知的世界のすべての正しく美しいものを生み出す「原因」としてある、とされる箇所(7.517B-C)をあげることができるだろう。〈善〉のイデアにかぎられず、イデア一般が「原因」とされていることは、輝かしい色や形を何か美しいことの「原因」とはけっしてしないで、〈善〉そのものを真の「原因」とする、たとえば『パイドン』（100B-D）でのソクラテスの主張にも明らかである。もちろん、〈善〉のイデア、イデア一般が「原因」とされるのは、認識の対象となるもろもろのものがイデアによって「知られる、認識される」ことが可能となるからである（『国家』6.509B）。プラトンにおいて一般に「原因」と呼ばれるものとして、さらにもう一つ加えるとすれば、魂あるいは知性があげられている（『ピレボス』30C-E）。

小前提（b）についても、大前提（a）とほぼ同様に、たとえば『国家』の同じ箇所（7.517C）を示すことができるだろう。「より先のもの」としてのイデアは「より後のもの」としての感覚的事物よりも、いっそう原因なのである。

原則（ロ）の大前提（c）については、たとえば『国家』の「多くの美しいものは見るが、〈美〉そのものを感得しえない人たちは、万事思わくしているだけで、ほんとうに知ってはいないのだというべきであり、他方、恒常不変に同一のあり方を保つものを感得する人たちについては、この人たちこそ知っているというべきである。哲学者は、整然として恒常不変のあり方を保つ存在に目を向け、それらがすべて秩序と理法に従うのを観照しつつ、神的にして秩序あるものと共に生きる」（5.479E, 6.499C-D）などの記述からもその基礎を確かめることができるだろう。

また小前提（d）の基礎も、『ティマイオス』で神が無秩序な状態から秩序へと導くことで宇宙を構成したのも、「秩序のほうが無秩序よりもあらゆる点でより善いと考えたから」（30A）と語られていることから、さらに〈善〉を規定するのに最も有力なものとして「尺度、適度、時宜にかなったことなど、すべてこの種のもの」があげられている『ピレボス』（64D-65A）の記述からも確認されるだろう。

この、推論による二つの原則の導出は、もともと哲学という知識は、取得することは十分可能である、ということを語るためになされたものである。解説（一〇四頁）でもふれたように、すでに身体についての学知（体育術、医術）が存在して人びとに修得され、広く経験的な知や技術が学び取られていることを考えるなら、それらのものよりも本来いっそう知られうるものとしての魂や原因についての知識はその獲得もよりいっそう可能である、と証明されている。

しかしこの箇所は「哲学」という知識の獲得の可能性ということにとどまらず、考えなければならないさらに大きな問題を含んでいる。（イ）（ロ）二つの原則とその証明が意味する問題点とは、哲学知には知識の二系列あるいは二種類があると解される場合のあることである。すなわち（1）自然と真理についての知識と（2）正・益・徳についての知識あるいはより端的に（1）理論的知識（自然学・形而上学）と（2）倫理的知識（倫理学）がそこに語られていると認め、アリストテレスはそれぞれ異なる対象をもつ独立的な知の二種類を区別したとする見解である。『哲学のすすめ』の「哲学」がいかなるものであるかを把握するうえでも、右の問題点は重要な意味をもつ。この解釈が出てくる根拠となるのは先の（イ）（ロ）二つの原則とその証明であるとみられるが、右の解釈を直接支持する言葉として、これまで論者たちのあげていたのは、第一章（VI）にある「また正しいもの、有益なものについての知識、さらに自然やその他の真理についての知識を、われわれが獲得できるということを立証するのは容易である」（68.18-21）と「さて真理と、魂の卓越性についての知識が存在するということ、そしてわれわれはそれらを獲得することができるということ」（69.20-24）の二ヵ所であるとみてよいだろう。

しかし、最近の信頼できる詳細な研究によれば、この二ヵ所はイアンブリコス自身の手による、いわゆる「つなぎ」にあるものと考えられ、アリストテレス自身の原文にあったものとは認められていない。この二ヵ所の語句を後ろ盾として、先の（イ）（ロ）二原則をその線に添って解した結果が知識の二系列、二種類区分であると思われる。

知識の厳密な二区分説によれば、（イ）は自然学・形而上学に、（ロ）は倫理学に摘用される固有のふさわしい原則ということになる。しかし、先にあげた箇所に目を再び向けるなら、(イ)(ロ)の原則はたがいに異質なものではないことが理解されるだろう。(イ)(ロ)の原則はひとしく同一の述部(「いっそう知られうるもの」)をもっていることがまず注意を引く。さらに、原則(ロ)の証明における、たとえば大前提の「規定されたもの・秩序づけられたもの」は標準である原理に則することで精密化されたもの、純化されたもの、明確化されたものを意味し、むしろ数学・自然学において広く用いられる重要概念でもあり、他方同じ証明における小前提の「善いもの」は倫理学での主要概念であるが、先にふれたようにプラトンによって「原因」とも呼ばれている。原因の概念が自然学においても重要なものであることはいうまでもない。「より先のもの」も「より善いもの」も、また「原因であるもの」も「規定され・秩序づけられたもの」もひとしく同一実在の二つの面を表すものとみることができるだろう。

『哲学のすすめ』において、哲学という知識がその内に、それぞれ異質な対象——一者と善、真理と価値、自然と魂といった——と異なる方法をもつ二系列の知識を含むことが主張されているとみる見解には、賛同することはむつかしいと思われる。初期作品のこの書物の内に、その対象が「そうでないことがありえないことがら」である理論学(数学・自然学・形而上学)と、「そうでないことがありうることがら」である実践学（政治学・倫理学）とを明確に区別し、それぞれの場においてはたらく知を理論理性と実践理性と呼んでそのはたらきの異なりを明示することになる、後のアリストテレスの学問観をここに認めることはできないのである。『哲学のすすめ』における哲学知――理知――は、存在と価値・知識と行為といった領域を一つのあり方のものとしてこれに向かいあい、そこに永遠不変の真理を観照することを目指すものといえるのではないか。『哲学のすすめ』がプラトンの倫理的形而上学――存在と価値の統一――の上に基礎づけられたものとするイェーガーの見解は一つの考え方として、右の「理知」のあり方からも理解されるだろう。

この哲学知――理知――のはたらきを鮮明に示すと思われる箇所がある。

　それと同じように、政治家もまた、何が正しいか、何が立派か、何が有益かを、それに照らして判断するなんらかの基準を、自然そのもの、すなわち真理から獲てもっていなければならないからだ。……法についてもまた、自然に最もよく則して立てられたものこそが最善の法だからである。（84.24-85.1）

倫理学の領域と呼ばれることがらについても、最高度に厳密な知が求められ、たとえば「正しさ」についてもその絶対的な「基準・規範」(horoi) が自然そのもの・真理から獲られるべきことが要求されている。

しかし政治家がこのことをなしうるためには、哲学者としてあることが求められ、「これまで哲学することもなく、真理を認識するにいたっていない人には、とうていなすことはできない」とされる。数学や幾何学における厳密な知のあり方が政治学・倫理学にかかわることがらにも同じように求められている。後年アリストテレスが『ニコマコス倫理学』の中で「あらゆることがらにおいて同じような厳密性を求めるべきではなく、それぞれの場合に、その素材に応じて、その研究にふさわしい程度においてなすべきである」(EN 1.7.1098a26-29) と述べていることが、ここにまったく対照的な形で思い出されるだろう。大工と幾何学者はそれぞれ異なった仕方で直角を求める、それが当然、と言うのである。

『哲学のすすめ』における哲学知のあり方は、アリストテレスの後期思想にみられる立場というよりも、むしろプラトン的ともいえる傾向を示しているといえるだろう。本書の中で「理知」と訳されているギリシア語 phronēsis は哲学知を代表する語であるが、この語は時に sophia (知恵) あるいは epistēmē (知識) と同じ意味のものとして互換的に用いられている。この点でも、phronēsis を実践知として理論知

sophia, epistēmē から厳しく区別する後期のアリストテレスの立場から大きく離れている。phronēsis に代表される哲学知のあり方はむしろプラトンでのそれに近いものがある。

右に概略みてきたように、『哲学のすすめ』における理知について第一にあげられる特質は純粋な理論性である。この点は「そのはたらきはただひとつ、最も厳密な真理、すなわち存在についての真理を明らかにすることのみにある」(72.24-25)、あるいは「その知識にとって最高の目的は観照」(73.8-9)、「存在するもろもろの事物の自然本性と真理をなんの代価も払わずに観照するべき」(34.1)、さらに「真理を認識するにいたるであろうその理知」(77.10-11)、「(理知の人は)最も正確な知識にもとづいて観照する人」(87.27-28) など、全篇にわたっていて誰の目にも明らかといえるだろう。

しかし真理を知るという営みは、たんに最も厳密な知に到達することを意味するだけではない。もう一つの意味をそれは含んでいる。

魂のはたらきは……思考することと推理することである。したがって、正しく思考する人は、よりいっそう生きているということ、最も深く真理に到達する人は最も生きているということ、またこのような人こそ理知ある人であり、最も正確な知識にもとづいて観照する人であるということは、いまや誰にとっても単純容易に推論することができる。そして、完全に生きるということは、このような時にこそ、そしてこのような人、すなわち理知をはたらかしている人たち、すなわち理知の人にこそ帰せられるべきである。(87.27-88.1)

右の文が語るようにその営みは「完全に生きること」、生そのものの完成であり、人間の究極の目的に達していることを意味し、その純理論性において最も高度な思考、純粋観照は必然的に最高価値をもつとされている。理知のはたらきそのものが人間の生の完成を意味するのである。この人間にとっての最高価値の考えはアリストテレスの目的論にその基礎をもっている。人間が自然によって、しかも自然に則して生じたことは明らかであり、人間の自然的生成において、生の完成は最後にその目的に到達することでなし遂げられる。まず身体的部分が、そして魂部分が、さらに魂のよりすぐれた部分、理知が生成する。理知は「われわれの目的であり、それをはたらかすことは究極的なことであって、そのためにわれわれは生まれてきた」(82.7-9)とあるように、理知をはたらかすことが最善のこと、究極の目的なのである。理知が純粋観照的性格のものであることは、『哲学のすすめ』全篇を通して強く感じとられる主張点といえるだろう。

しかし他方、理知のはたらきはそれとともに「完全に生きる」こと、完全な生を意味している。この後者の意義は理知と私たち人間の実践的生への強いつながりを明示するものであろう。いかなる仕方でつながっているのか、その点が問われることになる。

理知と実践的生

理知と実践的生のつながりをアリストテレスはけっして断ち切ってはいない。彼のこの点にかかわる基本的な考え方は、つぎのようなものとみることができるだろう。

たしかにこの知識は観照的なものではある。しかしそれは、それに則して、あらゆるものを制作する力をわれわれに与えてくれる。というのは、ちょうど視覚が何物をもつくり出したり形づくったりすることなく……むしろわれわれがそれに則して何事かを行為することを可能にし……。（85.21-86）

視覚のはたらきは唯一、見ることと、見分けることであり、行為や制作を直接うみだすわけではない。しかし人びとは視覚に則することで、すなわちその助けを受けることでその行為と制作を完遂することができる。その援助なくしては何事も為しえないのである。

理知と実践とのかかわりについてもう少し具体的に検討することにしよう。まず理知の具体的姿ともいうべき「理知の人（phronimos）」がどのように述べられているかをみておこう。

さらにまた、われわれは、理知ある人以外に、いったい善いものについていかなる基準、いかなるより正確な尺度をもっているというのだろうか。この理知ある人が彼の知識に則して選ぶものはどれもみな善いものであり、それに反するものは悪いものである。（69.27-70.3）

理知ある人は善・悪についての基準であり尺度とされている。では彼はいかにしてその基準を得ることができるのか。たとえば建築術において、大工たちはまっすぐさやなめらかさを物差しや墨縄といった「基準」によって吟味するが、これらはいずれも自然の中から見出されたものである。それと同じように、政治家もまた「何が正しいか」「何が有益か」を、それに照らして判断する基準を、自然そのもの、すなわち真理から獲てもっていなければならない。

大工たちが自然を手本としそれを写しとった道具類はしかし、原初のものそのものから獲得されたものではなく、第二次・第三次的なものからの模写にすぎない。厳密な原初のものそのものからの写しはただ哲学者にのみ許される。理知のはたらきをもつ哲学者は原初のものの観照者であって、模造物の観照者ではない。政治家は哲学すなわち理知を必要とする。政治家はたんに経験を重ねるだけでなく、哲学する者でなくてはならないのである。

「正しさ」の基準を、理知ある人は「自然そのもの、すなわち真理」から獲てもっている。現実の生活において私たちがすべてを判断し、為すべきことを選びとり、為すべきでないことを避けるのは、この「基準」の知、理知に照らしてのことなのである。理知がいかなる意味で実践的生にかかわるものであるかは、右の「理知の人」としての政治家の事例からもひとまず理解されるだろう。

しかし理知と実践的生とのかかわりをより広い視野においてとらえるためには、勇気、節制、正義と思慮といったいわゆる徳との関係をみておく必要があるだろう。

まずプラトンをはじめアカデメイアの先輩・同輩たちも認めていた魂の構成部分（理性的部分と非理性的部分、あるいは理性的部分、気概的部分、欲望的部分の三区分）の考えが『哲学のすすめ』の内にも認められることに注目しておこう。ただし理性的部分については、「認識する部分」（73.16）、「理性や思考をあわせもつ部分」（72.9）などの明瞭な表現を与えられているが、他の非理性的部分についてはこの種の説明はまったくなく、たんに「他の（諸）部分」とあるにすぎない（しかも二区分か三区分かについても判然としない）。ただこの諸部分間の関係は、理性的部分は「本性上われわれに関することがらを支配し判断する。他の部分は、理性に従い、これに支配されることをその本性としている」（71.26-72.1）、「他のあらゆる部分以上にこの部分（理性的部分）こそがわれわれ自身である」（72.13-14）、「魂の他のすべての部分よりもすぐれたもの」（73.17）と語られていることからも明らかだろう。

この魂の各部分がそれぞれにその「卓越性（徳）」をもつことが示されている。卓越性の語 aretē は魂の卓越性を全体として表す場合にも、魂の諸部分の卓越性を表す場合にもともに用いられることは、「理知は卓越性の一部分」（73.24）や「卓越性の諸部分」（73.18-19）などの表現からも明らかである。また部分にかかわる語としても、aretē が理知を表すか、あるいは倫理的徳を示すかは、前後の文脈から解するよりほかない。しかしこの『哲学のすすめ』において、非理性的部分の卓越性（徳）としての勇気、節制、正義の語が直接あげられる場面はきわめて少なく、わずかに冒頭の第一章（VI）で「勇気」、そして「正しい人」「節度ある人」（70.4-6）が語られるにすぎない。これに対して理性的部分の徳「理知」（phronēsis）、そして「理知ある人」（phronimos）は全章にわたって広くしかもくりかえし用いられていて、『哲学のすすめ』において、後のアリストテレスの用語でいう知の徳の役割が倫理的徳に比べていかに大きなものであるかを印象づけることになるだろう。

いわゆる倫理的徳について個別に言及されることが極端に少ないことは、不思議な事態ともいえる。幸福な生の三つの型が大枠として示される中で、徳の生にとって重要な要素である勇気、節制、正義などがそれとして論じられることのほとんどない点は、あるいはイアンブリコスによるなんらかの処置（これらの徳について語られる語句、場面箇所の削除など）がなされたのではないかとの疑念を呼び起こすことにつながるかもしれない（三世紀のシリアのイアンブリコスの時代には、前五世紀のアテナイの政治状況と賢者としての政治家の理想像は単純には受け入れられないということであろうか）。

プロティノスなどと同様、ストア派、ピュタゴラス主義に強く影響されたプラトニズムのより厳格な伝統に傾いていたイアンブリコスはこの彼岸哲学に強く寄りそい、全体として市民的徳や政治家に対しては直接の関心を示すことが少なかったという見方もある。この点は今は措くとしても、これまで述べてきた知性的徳と倫理的徳との関係はプラトンにおけるそれと基本的にほぼ同じものがあると考えてよいと思われる。

プラトンにおいて、勇気、節制などの倫理的徳は魂の理性的部分、理性に依存する形で形成されるものとみられている。理性は魂内部を支配する要素である。勇気ある人と呼ばれるのは「その人の〈気概的部分〉がさまざまの苦痛と快楽のただなかにあって、恐れてしかるべきものとそうでないものについて理性が告げた命令を守り通す場合」（『国家』4.442C）であり、節制ある人と呼ばれるのは「支配する部分（理性）と支配される部分（気概的部分と欲望的部分）とが理知こそが支配すべきであることに一致して、この支配者に対して内乱を起こさない場合」（『国家』4.442C-D）である。命令を下す理性的部分は、三つの部分それぞれにとって、またそれらの部分からなる共同体にとって、何が利益になるかということの知識を自分の内にもつと語られ、どの徳にとっても理知のはたらきは不可欠なのである。

プラトンにおいて理性的部分（理知）が「命令する」あるいは「支配する」部分と

されていたように、『哲学のすすめ』においても理知は「命令する知」あるいは「統率する知」と語られ、この知こそがすべてのものをそれぞれの本性に則して用い、また命令を与えることができるとされている（68.3-14）。この理知と倫理的徳との最も基本的な関係は、唯一ヵ所ながら明確な形で語られるつぎの言葉から理解されるだろう。

他の外的なことがらは、人に生じてくるもろもろの善いことのために為すべきであり、またその善いことどものうち、身体における善いことは、魂における善いことのために為すべきであり、さらに魂の卓越性（徳）は理知のためにはたらかすべきである。この理知こそ最高の目的だから。（82.16-20）

この箇所はたんに倫理的徳と理知の関係というだけでなく、むしろ観照的知と実践的生の関係を理解するうえで最も重要な手がかりを与えるものとみることができる。ここには、倫理的徳は人生の究極目的とはされていず、理知こそが倫理的徳の目的とみられている。右の関係をもう少し立ち入って考えてみるために、後にアリストテレスの目的論として独自の形を見せる思考がここにもその確かな姿を整えていることに注目しておこう。

「目的」の思考が濃密に示される第四章（IX）では、何かのためになるもの、有益なものと、それ自体とは別な何かのためになるものではなく、ただそれ自体のために望ましいものとしての善いものとの区別が厳密になされている。たとえば彼はつぎのように強く主張する。

それゆえ、すべてのものから、そのもの自体とは別の効用を求めて、「それはわれわれにとってなんの得があるのか」とか「それはなんの役に立つのか」などと問うことは、まったくおかしなことである。……このような問いを発する人は、善美なものを知っている人とも、原因と副原因の区別をできる人とも、まったく思われないからだ。（82.29-83.4）

たといそのものからそれとは別なものが生じてくることはないとしても、ただそのもののために望まれるものこそ善いものであり、他の何事かのために望まれる役立つもの、有益なもの、必要なものとはその根本において大きく隔たっている。究極目的は、他のもののために望まれるものではなく、そのもの自体善いものである。「理知が外見上有用ないしは有益なものと思われないとしても、怪しむにたらない」(83.16-17)。

理知は究極目的だからである。理知はそれ自身の内に価値をもち、それ自体として望まれるべきものなのである。そこからは別の何かが生ずることなど問題にせず、オリュンピア祭の競技を見ることとそのことだけのために人びとがどれほどの情熱を傾けることか。いや、それにはるかに勝って、私たちは人間としての究極目的、自然そのものと真実在・真理を観照すること、ただそのことのためだけに意を傾けるべきなのである。

右の目的論の価値の序列に照らせば、正義、節制、勇気といった魂の倫理的徳は、厳密には「善いもの」ではなく、「有益なもの、ためになるもの」ということになる(ただアリストテレスも、厳密な定義に則した場合を除けば、役立つものとそれ自体善いもののどちらも善いといわれることはある、と語っている〔87.9-11〕)。倫理的諸徳は理知という究極目的のためのはたらきを為さなければならないのである。

ここで語られている目的論的枠組みについてもう少しふれておこう。その特徴としてまずつぎの点があげられる。「生成するもの」の原因は、自然、技術、偶然の三つであり、さらに自然と技術によって生じるものはある「目的」をもって生じ、自然によって生じるものは技術によって生じるものよりつねにすぐれた目的のために生成する（79.7-80.9）、と述べられていることである。

アリストテレスが自然は目的をもつとしたことの根拠は自然的変化の中に秩序と規則性がみられることにある。火水風土の四原素の自然的運動——火は上昇し土は下降する——にも、天体の運行にも、さらに自然の種族の生殖——人から人が、馬から馬が生まれる——にも秩序と規則性は明瞭に認められ、全体としてみるなら、自然は気まぐれでもでたらめでもないことが理解されるだろう。彼の主張は、このような秩序と規則性のあるところには、なんらかの目的（たとい自覚的ではないにしても）があるとみることである。『哲学のすすめ』においてもこの考えは、たとえばつぎの箇所に明らかである。

なぜなら、正しく［誤りなく］生じるものはすべて何かのために生じてくるもの、とする見地にわれわれはつくべきと思われるからだ。（80.20-21）

アリストテレス目的論のもう一つの特徴は、自然の変化を外部から支配統括する神的知性——たとえばプラトンにおける生成の原因としての知性、「全き知恵」（『ピレボス』30B）や「工作者（Demiurgos）の役をする者」（27B）……を要請することなく、自然物はその目的を自己自身の内にもつとみることに認められるが、本書の第九章（Ⅸ）においてもこの種の存在は一切語られることはない。

ここで一つ興味ある問題について省みておきたい。それは『哲学のすすめ』第九章（Ⅸ）で示された価値の序列――①外的善から②身体的善、③倫理的徳そして④理知（phronēsis）へと高まっていく――が以後のアリストテレス思想の中でどのような形をとるにいたるかという問題である。

実践的知・思慮（phronēsis）と理論知（sophia）が固有の対象域と方法論をもつ独立した知として厳密に区別される後期著作の『ニコマコス倫理学』では、この目的論的価値の序列はほぼつぎのように、①外的善から②身体的善、③倫理的徳＋実践知、そして④理論知にいたる形へと変化しているとみることができるだろう。③の表現は、「思慮なしに本来の意味での善い人にはなりえず、倫理徳なしに思慮ある人にはなりえない」（EN 6.13.1144b31-32）と語られていることからも理解されるように、「本来の徳」は実践知にもとづいた倫理的徳であることを意味する。このようなあり方の徳は究極価値、観照知のためにはたらき、配慮するのである。

『哲学のすすめ』において「魂の卓越性（徳）は理知のためにはたらく」という言葉

が私たちの目を惹いたが、『ニコマコス倫理学』でも「徳にもとづく行為は、その行為自体のゆえに望ましいものではない」(EN 10.7.1177b17-18) と語られている。究極目的としての観照は「それ自体以外のいかなる目的も目指さず」(EN 10.7.1177b20)、「それ自体で貴重なもの」(EN 10.8.1178b31) とされ、徳にもとづく生が「第二義的に幸福なもの」(1178a9) とみられているのに対して、観照知にもとづく生は「最も幸福な生」(1178a8) なのである。

『ニコマコス倫理学』における③と④の関係には、それを徳と理論知という局面でとらえるとすれば、『哲学のすすめ』におけるそれと基本的に近いものが認められるといえるだろう。

「幸福者の島」

実践的生と理知のつながりがどのようなものであるかを、ここでもう少し具体的な形で考えてみたい私たちにとって、最も好都合と思われる事例が『哲学のすすめ』において提示されている。それは前節の目的論的説明――価値の序列――をより具体的に理解してもらうための修辞的メタファーの一つとして示されたものである。

この「幸福な人びとの住む島々」の事例は、最も古くは前七世紀の叙事詩人ヘシオドスにみられ、プラトンにも、その扱い方はそれぞれ異なっているが、『パイドン』や『国家』などにおいて用いられている。古代の哲学者の間でも広く認められている事例である。

『哲学のすすめ』第四章（IX）で語られる「幸福な人びとの住む島々」（以下「幸福者の島」と表記する）思想については、最も基礎的な資料としてまず二つをあげることができる。その一つはいうまでもなく、第四章（IX）後半部の箇所である（資料A）。

　もし誰かある人がわれわれを、思考の中で、幸福な人びとの住む島々のようなところに連れていったと思ってみれば、われわれの主張していることが何にもまして真実であることを見てとるだろう。(83.4-6)

そこでは、何かのために役立つということも利益になるということもまったくなく、「ただ思惟することと観照することがあるだけ」といわれている。それ自体善いものであって、「それは何の役にたつか」などと問われるものではない。「思考の中で」という限定は、人間が現実に生活していくうえでの必要なことがらをすべて捨象して、完全な状態での「幸福な生」を想定することを意味するとみてよいだろう。この「思考の中で」設定された島に住む人たちは、他の有益なもの一切を（身体の健康や人びととの交際など、さらにそのための節制や正義）を考慮することなく善いことそのもの、理知をはたらかし観照することにのみ完全に携わることのできる人たちである。しかし、いうまでもなくこのような条件は生身の人間に許されることではない。あくまで「純粋思考のうえ」のこととみなければならない。

もう一つの資料は、すでにふれたように、このアリストテレスの『哲学のすすめ』に範をとり、あるいはそれをパラフレーズしてキケロが著した同様の哲学への勧告の書物（その『ホルテンシウス』は失われ、ただ断片のみが伝えられている）を、その後アウグスティヌスが『三位一体論』の中で引用したとされるものである（資料B）。

もしわれわれがこの世の生に別れを告げた時に、伝説にあるように、幸福者の島で不死の生を送ることが許されるとすれば、そこにはいかなる裁判沙汰も生じえないのであるから、雄弁になんの必要があろうか、あるいはさらにもろもろの徳そのものさえもなんの必要があろうか。すなわちそこでは、いかなる苦労の、またいかなる危険の重荷を負うこともないのだから、勇気の必要もなく、また欲しさのあまり手が伸びるようないかなる他人の財産もないのだから、正義の必要もなく、さらにまた、そこにはもはや存在しない欲望を制御すべきいかなる節制の必要もないだろう。思慮さえ、善悪の選択の前に立たされることもないのだから、必要としないだろう。したがって、そこではわれわれは、ただ一つのもの、すなわち自然の認識と知識（cognitione naturae et scientia）――これはただそのもののゆえに、神々の生さえ讃えられるべきものである――によって幸福なものとなろう。このことから、ただこの一事のみが望ましいことであって、他のことがらはすべて必要なものに属することが知られえよう。（14.9.12）

ここで私たちの目を惹くものは、勇気、正義、節制、思慮の徳の言葉であり、しかもそれらがこの「幸福者の島」では無用のものとされ、他方「自然の認識と知識」が、ただこれのみが望ましいもの（善いもの）とされていることである。

このようにソクラテス・プラトン以来の伝統的四元徳が明確な姿で現れている（ただしここに「雄弁（eloquentia）」が加えられているのはキケロによる追加処置と考えられている）のは、資料Aに比して際立つ特徴といえるが、後の点つまり「必要なもの」「役にたつもの」と「善いもの」の区別についてはまったく同じ考え方のあることが承認される。いわゆる徳は、あの世において設定された幸福者の島では、もはや「不必要なもの、役立つことのないもの」である。

アリストテレスの目的論に則して言うなら、徳はいまだ究極の目的ではない――それらは理知のためにある――、つまり現実の世にあっては、徳は「必要なもの」ではあっても善そのものではない。資料Bの設定条件は「われわれがこの世の生に別れを告げ」「不死の生」を許されることである。資料Aの「思考の中で」と語られる条件と同一趣旨のものとみることができるだろう。A・Bともに、この島において人びとの究極目的は「ただ思惟することと観照すること（monon to dianoeisthai kai theōrein）」であり「自然の認識と知識」であることを語っている。「自然の認識と知識」が理知そのものを意味することはいうまでもない。

ただ一つここで省みておくべきことは、「思慮さえ必要としない」とされていることである。ここで「思慮」と訳した元の言葉はラテン語 prudentia で、この語は通常ギリシア語の phronēsis（すなわち本訳書の「理知」にあたる）の訳語として用いられている。「理知」としての prudentia さえも不要とされることが問題視されるというわけである。ここに示される勇気、節制、正義、思慮の四つの徳は基本的にソクラテス・プラトン的な用法のものとみることができるだろう。ただしプラトンの用法では、phronēsis は sophia（知恵）、epistēmē（知識）などの言葉と同等のものとみられ、理論と実践にひとしくかかわる一なる哲学知である。

しかし前一世紀共和制期のキケロにとって、いわゆる市民的徳への関心は強く、さらにアリストテレスの倫理思想、とりわけストア派の徳論にも深く影響されている彼にとって、プラトン的四徳の一つとしての phronēsis は限定されて用いられた、実践にかかわる徳知、倫理的徳とみられていると考えられる。したがって、ここでの四徳は形の上ではプラトン的基本徳とみられるが、キケロによる内容上の変化があるとみるべきであろう。「善いことと悪いことの選択」にかかわる徳知としての「思慮」という表現がそのことを明らかに語っている。「自然の認識と知識」という観照的理論的知から離れた実践知、生活の知としての prudentia をキケロはここに思い描いているのである。

AとBの二資料における「幸福者の島」思想には基本的にみて大きく矛盾する点はないといってよいだろう。つぎに第三の資料を引用しよう。それはアリストテレス『政治学』第七巻にみえている「幸福者の島」に関する叙述である（資料C）。

勇気と忍耐は忙事のために必要だが、哲学は閑暇のために必要である。節制と正義は、両方の時に必要だが、とりわけ人びとが平和を保ち、閑暇を享受する時はいっそう必要である。なぜなら戦争は人びとが正しく、節制あることを強いるが、平和とともに生じる幸運の享楽と閑暇は人びとをむしろ傲慢にするからである。したがってこのうえなく幸せであると思われ、ありとあらゆる至福な物事をすべて享受する人びと、たとえば、詩人たちが語るように「幸福な人びとの住む島々」に住む人がいるとすれば、彼らは多くの正義と多くの節制を必要とする。なぜなら、とりわけそれらの人びとは、そのような善いもののありあまる豊かさのなかで閑暇を享受すればするほど、哲学と節制と正義を必要とするだろうからである。したがって、国が幸福ですぐれたものであろうとするなら、それらの徳に与からなければならないことは明らかである。(7.15.1334a22-36)

A・Bの二資料に比べて、ここに示される「幸福者の島」は明らかに異なる設定条件の下に置かれている。この条件は、「純粋思考上」のことでもなければ「永遠不死の生を許されたあの世」とも異なり、現実の生活を送ることそのものである。もちろんこの島に争いも戦争もない、人びとは「忙事」とは無縁で、平和の内に閑暇を楽しみながら哲学する生を、思考の中でもあの世においてでもなく、現実に過ごしている。しかしこの人びとにも「多くの正義と多くの節制を必要とする」とされている。有益なもののありあまるなかで閑暇を享受すればするほど、徳は求められるからである。

これまでに検討してきたものに加えて参考にすべきもう一つの重要と思われる資料がある。それはアリストテレスの『ニコマコス倫理学』第十巻に見えるつぎの一節である。そこで彼は倫理的徳の活動のためには外的な備えが必要であること、たとえば正しい人はお返しをするために金銭を必要とし、勇気ある人もその徳を発揮するにはそれなりの力を必要とし、節制ある人も放埒になりうる場面を必要とする事例をあげてから、それと対照的に知性の徳は外的そなえをあまり必要としないことをつぎのように語る（資料D）。

それに対して、観照する者にとっては、少なくともその活動のためには、そのようなものをまったく必要とせず、むしろそうしたものは、少なくとも観照にとって、いわば妨げになるものでさえある。しかし彼が人間であり、多くの人びととともに生きるかぎり、彼は徳に則したことがらを為すことを選択するのである。したがって、人間としての生活をするためには、観照する者はそのようなものを必要と

するだろう。(EN 10.8.1178b2-7)

アリストテレスは、この後、完全な幸福がある種の観照活動であることは、「作ること」「行為すること」の活動をまったく必要としない神々の活動について思いみることで明らかであるとしている。正しい行為も勇敢な行為も、いわゆる倫理的諸徳はすべて完全な幸福者、神々にとってまったく無縁のものである。しかし、とここで再びアリストテレスは言う。

だがしかし、人間であるかぎり、外的な好条件をも必要とするだろう。なぜなら、人間の本性は観照することのためには自足的でなく、身体が健康であることも、食物やその他の世話も与えられることを必要とするからである。(EN 10.8.1178b33-35)

この資料Dについてまず注意すべきことは、ここには「幸福者の島」トポスは示されていないことである。しかし観照そのもののあり方を考えての言葉としてみるなら、そこに「幸福者の島」の語は見えていないとしても、一つの視点として、純粋思考の上での、あるいはあの世で不死の生を送る者たちにおける観照活動と同質のことが語られているとみることが許されるだろう。そして第二の視点として、不死の生をさずかって神々のように活動する者でないかぎり、人びとはこの世にあって幸福な生、観照の生を送るに際しては、倫理的徳をはじめとして外的なよいものをも必要とする、という点をあげることができる。

これまでに示された四つの資料は、この問題の考察にあたって研究者たちの間で広く用いられてきたもので、資料間に矛盾する点もあると考えられることから、解釈にあたって異説も多い。しかし、この四つの資料を用いるにあたって、私たちは「幸福者の島」トポスが人間の現実的生においてか、あるいは純粋思考上に設定された生、死後の永遠不死の生において置かれているかは、重要な前提条件となると考える。

資料AとBでは、非現世的な純粋観照が語られ、観照することのほか、有益な物事は一切必要ではなく、倫理的諸徳でさえも不要であるとされ、それと対照的に資料Cではこの世の現実的生における観照が示され、ここではむしろ正義、節制などの倫理的徳は不可欠であると強く主張されている。最後の資料Dでは、資料Aでのように観照は現実的生とは無縁な、神的生において設定されている。しかし、その後ただちに「彼（観照する者）が人間であり、多くの人びとともに生きるかぎり」という第二の設定条件が語られ、このような場合には、人は徳を、さらに健康などの外的なことも必要とする、とされている。

その内に二つの前提条件をそなえている資料Dは、資料A・Bとも資料Cとも整合するといえるだろう。資料A（『哲学のすすめ』）。資料Bもひとまずこれに準じるとみておく）と資料C（『政治学』第七巻）がほぼ同時期の初期のものとされ、資料D（『ニコマコス倫理学』第十巻）が後期のものと考えるのが一般であるが、大きくみて、四つの資料間に矛盾する点はないとみることができるのではないか。

ここで再び『哲学のすすめ』の問題場面に戻ることにしよう。理想的条件の下での思考の上としての設定であれ、神的生という設定であれ——観照が強い口調で語られる第四章（Ⅸ）のこの箇所では観照至上主義ともいうべき思想はたしかに濃厚に認められる。しかし、先の四資料を通して感じられることは、アリストテレスにはこの世を生きる人間という条件がその思考から消え去ることはないということである。「人間として生きるかぎり」という視点はつねにある。その視点は『哲学のすすめ』においても変わることはない。この世に生きる人間として幸福な生を求める者たちに対して、彼は哲学へのすすめを行っているのである。

この視点を確認しておくために、本書第三章（Ⅷ）にみえている、つぎのような文章を引用しよう。アリストテレスはこの章で、それまでの幸福な生、理知の生を力強くすすめてきた勢いのある声を曇らせるような形で、現世に生きる人間の現実について説き語っているが、その一つとして生身の人間についてつぎのような伝説を紹介している。

魂は罪の報いを受けているのであり、われわれはある大きな罪の懲罰を受けるために生きているのだ、という古人の言葉は神の霊感に満ちたものだ。というのは、魂が肉体と結合していることは、なにかこのようなこと［罰］にきわめて似ているからである。……魂は肉体の感覚的な組織全体にくまなく拡げられ、またそれにぴったり貼りつけられているように思われるからだ。（78.2-11）

テュレニア人は、その捕虜を、その生きている体に屍体を、顔と顔、手足と手足をぴったり張り合わせて縛りつけることで拷問する、と伝えられているが、身体の内に拘束された魂のありさまはそれと同じことだというのである。このような状態にある人間のかかわることがらに確かなものはない。強さ、偉大さ、美しさも笑うべきものであり、なんの価値もないものである。何物をも正確に見ることができないために、そのように思われるにすぎないのである。

　われわれのうちのいったい誰が、これらの事態を見てとったうえで、なお自分たちは幸福であり祝福されている、と思うことができるだろうか。（77.27-28）

「われわれの生は本来悲惨で困難なもの」とみられている。しかしだからといって人びとは死を選ぶわけではない。意を決したようにアリストテレスは強く語っている。多くの人びとが死を忌避するという事実は動かしがたい。アリストテレスは、魂が学び知ることを愛するものであることを、この事実は語っている、とする。なぜなら、「魂は、自分が知らないもの、暗いもの、明らかでないものを避け、その本性上、明瞭なもの、知られうるものを追求するから」（76.18-20）である。学び知ることを愛し求める魂をもつ人間であるかぎり、人は死を選ぼうとすることはない。生き続けていく中で同時に学び知ることを求めつづけるのである。

　このような悲惨な生をもつ人間ではあるが、しかし人間は「なお賢く整えられていて、他のものに比べれば、人間は神であると思われるほどなのである」（78.17-19）。それは彼の内に唯一尊重に値するもの、すなわち知性、理性が存在するからである。

アナクサゴラスら先輩哲学者たちが語るように「知性はわれわれの内なる神」(78.19)である。

この知性をはたらかすことで生きていくことが、つまり知的生を送ることが人びとの幸福につながることは間違いないとしても、ここでアリストテレスは、ただ「生きること」のために、――これが大多数の人びとの願う「幸福な生」への思いであろう――つまり生活にとっての必要なことがらにのみ向けられた、限定された知的生も許されていいだろう、と語っている。本来的に悲惨で困難な人間の生に対するアリストテレスの一つの見方がここに示されている。他方、ただ生きることのためではなく、「よく生きること」のために、言いかえるなら真の意味での幸福という善いことのためには、よりいっそう高度に知性をはたらかし真理の認識に努力することは当然のことと語られる。

どのような生き方を選ぼうとも、人間にとって唯一貴重なもの、知性をはたらかすことは必須のことである。本性上悲惨な生の一面はもつとしても、なお「賢く整えられている」人間が現実にいかに生きるかがアリストテレスにとって最も大きな関心事であることは明らかである。このような条件を本性上もつわれわれ人間は、真に幸福な生を願望する者ならば、「哲学すべきである」、でなければ「生きることに別れを告げてこの世から立ち去るべきである」、アリストテレスはそう主張する。生の現実と向き合い、その生を送りつづけるなかで理知をはたらかし哲学することが第一義的に勧告されているのである。

純粋に知ろうとするなら、肉体から離れ、魂そのものによってことがらそれ自体をみるべきである。その時こそ知はわれわれのものとなる。純粋知の獲得はただ死後においてのみ可能である、とするプラトンの『パイドン』(66D-E)の主張とは明らかに異なる視点が『哲学のすすめ』におけるアリストテレスにはあるといえるだろう。

幸福を純粋思考の上で問うことはむろん意義ないことではない。しかし私たち人間にとって、この現世にあって幸福な生を追求することは最も基本の条件である。哲学のすすめを呼びかける対象はあくまでこの世にある人びとであって、死後のあの世にいる人びとではない。理性をはたらかすのは、あくまで生きる人間としての現実の暮らしの中においてである。「最も生きていること」「完全に生きること」こそアリストテレスの説く理知の生なのである。

『哲学のすすめ』の最終章の末尾でじっさい彼はこのように語っている。

だから、それをなすことのできる人は誰もが哲学すべきである。じっさい哲学することは、完全によく生きることであり、あるいは端的に言って、われわれの魂にとって、あらゆることがらの中で、［よく生きることの］最大の原因であるからだ。（89.22-24）

参考文献

校本・注釈・翻訳

Pistelli, H. (ed.), *Iamblichi Protrepticus* (Leipzig, 1888; repr. Stuttgart, 1967). (校本)

Rose, V. (ed.), *Aristotelis Qui Ferebantur Librorum Fragmenta* (Leipzig, 1886). (校本)

Ross, W. D. (ed.), *Aristotelis Fragmenta Selecta*, (Oxford, 1955). (校本)

Walzer, R. (ed.), *Aristotelis Dialogorum Fragmenta*, (Firenze, 1934; repr. Hildesheim, 1963). (校本)

Düring, I. (ed.), *Aristotle's Protrepticus: An Attempt at Reconstruction* (Studia Graeca et Latina Gothoburgensia, 12; Göteborg, 1961). (校本・訳・注)

Gigon, O. (ed.), *Aristotelis Opera*. vol. Ⅲ, *Librorum Deperditorum Fragmenta*, (Berlin, 1987) 302-313. (校本)

Chroust, A. H., *Aristotle: Protrepticus. A Reconstruction* (Notre Dame, 1964). (訳・注)

Hutchinson, D. S. & Johnson, M. R., 'Authenticating Aristotle's Protrepticus,' *Oxford Studies in Ancient Philosophy* 25 (2005) 193-294. (訳・注)

Ross, W. D., *Select Fragments* = *The Works of Aristotle*, vol. Ⅻ (Oxford, 1952). (訳)

Barnes, J. (ed.), *The Complete Works of Aristotle*, vol. Ⅱ (Oxford, 1985) 2404-2416. (訳)

Flashar, H., *Fragmente zu Philosophie, Rhetorik, Poetik, Dichtung* (Berlin, 2006). (訳・注)

川田殖「断片集」『世界古典文学全集 一六 アリストテレス』田中美知太郎編（筑摩書房、一九六六年）
宮内璋「断片集」『アリストテレス全集 一七』（岩波書店、一九七二年）

その他の主な参考文献

Allan, D. J., ‘A Passage from Iamblichus in Praise of the Contemplative Life, *Archiv für Geschichte der Philosophie* 57 (1975) 246-268.

———, ‘Critical and Explanatory Notes on some Passages Assigned to Aristotle’s *Protrepticus*,’ *Phronesis* 21 (1976) 219-240.

Burgess, Th. C., ‘Epideictic Literature,’ *University of Chicago Studies in Classical Philology* 3 (1902) 89-261.

Bywater, I., ‘On a Lost Dialogue of Aristotle,’ *Journal of Philology* 2 (1869) 55-69.

Chroust, A. H., ‘What prompted Aristotle to address the Protrepticus to Themison of Cyprus?,’ *Hermes* 94 (1966) 202-207.

———, ‘Brief Acount of the Reconstruction of Aristotle’s Protrepticus,’ *Classical Philology* 40 (1966) 229-239.

De Strycker, É., ‘On the First Section of Fragment 5A of the *Protrepticus*,’ Düring & Owen, *Mid-Fourth Century* 76-104.

Dillon, J., 'Iamblichus of Chalcis (c. 240-325A.D.),' *Aufstieg und Niedergang der römischen Welt*, 36.2 (1987) 862-909.

Düring, I., 'Problems in Aristotle's *Protrepticus*,' *Eranos* 52 (1954) 139-171.

———, *Aristotle in the Ancient Biographical Tradition* (Göteborg, 1957)

———, and Owen, G. E. L. (eds), *Aristotle and Plato in the Mid-Fourth Century: Papers of the Symposium Aristotelicum Held at Oxford in August*, 1957 (Göteborg, 1960).（以下 *Mid-Fourth Century* と略記）

———, 'Aristotle on Ultimate Principles from 'Nature and Reality': *Protrepticus* fr.13' Düring & Owen, *Mid-Fourth Century* 35-55.

Flashar, H., 'Platon und Aristoteles im *Protrepticus* des Jamblichos,' *Archiv für Geschichte der Philosophie* 47 (1965) 53-79.

Guthrie, W. K. C., *A History of Greek Philosophy* VI (Cambridge, 1981).

Hartlich, P., 'De Exhortationum a Graecis Romanisque Scriptarum Historia et Indole,' *Leipziger Studien zur classischen Philologie* 11 (1889), 207-336.

Jaeger, W., *Aristoteles: Grundlegung einer Geschichte seiner Entwicklung* (Berlin, 1923; English trans. R. Robinson, Oxford, 1948).

Jordan, M. D., 'Ancient Philosophic Protreptic and the Problem of Persuasive Genres,' A *Journal of the History of Rhetoric* 4 (1986), 309-333.

Lloyd, G. E. R., *Aristotle: The Growth and Structure of his Thought* (Cambridge, 1968). 日本語

訳は川田殖『アリストテレス—その思想の成長と構造』（みすず書房、一九七三年）

Mansion, S., 'Contemplation and Action in Aristotle's *Protrepticus*,' Düring & Owen, *Mid-Fourth Century*, 56-75.

Moraux, P., 'From *the Protrepticus* to the Dialogue *On Justice*,' Düring & Owen, *Mid-Fourth Century* 113-132.

Menn, S., 'The Origin of Aristotle's Concept of Ἐνέργεια: Ἐνέργεια and Δύναμις,' *Ancient Philosophy* 14 (1994), 73-114.

Owen, G. E. L., 'Logic and Metaphysics in some earlier works of Aristotle,' Düring & Owen, *Mid-Fourth Century*, 163-190.

Philipson, R., 'Cicero's Hortensius', *Pauly's Realencyclopädie der classischen Altertumswissenschaft* VII A, 1125-1127.

Ruch, M., *L'Hortensius de Cicéron: Histoire et Reconstruction* (Paris, 1958).

Slings, S. R. (ed.) *Plato: Clitophon, Edited with Introduction, Translation and Commentary* (Cambridge, 1999).

牛田徳子「『至福者の島』思想—初期作品の一問題」『アリストテレス哲学の研究』（創文社、一九九一年）。

片柳栄一『初期アウグスティヌス哲学の形成』（創文社、一九九五年）。

神崎繁「『対話』から『規則』へ—古典期からヘレニズム期への「理性」概念の変容をめぐって」関西哲学会『アルケー』一七（二〇〇七年）。

――「道徳的発達と言語行為の相関―ヘレニズム期における「多分野交流」の一事例」大芝芳弘・小池登編『西洋古典学の明日へ』(知泉書館、二〇一〇年)。

田中美知太郎「プロトレプティコス」『田中美知太郎全集　第五巻』(筑摩書房、一九六九年。初出は京都哲学会『哲学研究』一九三八年、一九三九年)。

――『学問論』(筑摩書房、一九六九年)。

――『哲学初歩』(岩波現代文庫、二〇〇七年。初出は岩波全書、一九五〇年)。

中畑正志「『ソクラテスのエレンコス』への覚え書き」九州大学哲学会『哲学論文集』第三〇輯(一九九四年)。

――「『対話と真理』―『ソクラテスのエレンコス』への覚え書き　II」古代哲学会『古代哲学研究』二九(一九九七年)。

廣川洋一「忠告としての哲学―古代哲学の一特質」『筑波哲学』一三号(二〇〇四年)。

――「『忠告』としての哲学―セネカ道徳哲学の基礎」『思想』九六七(岩波書店、二〇〇四年)。

――「『忠告』としての哲学―プラトン『法律』の場合」『龍谷哲学論集』一九号(二〇〇五年)。

藤澤令夫「観ること(テオーリアー)と為すこと(プラークシス)―イソクラテス、プラトン、そしてアリストテレスの初期と後期」『藤澤令夫著作集　II』(岩波書店、二〇〇〇年。初出は日本西洋古典学会『西洋古典学研究』二一、一九七三年)。

三島輝夫「それから?―『クレイトフォン』とその先への問い」日本西洋古典学会『西洋古典学研

究』五二（二〇〇四年）。
渡辺邦夫「偶運の自然誌」『茨城大学人文学部紀要』（人文コミュニケーション学科論集　第三号、二〇〇七年）。

なおイアンブリコスの『哲学のすすめ』第二十章については角谷博訳、内山勝利編『ソクラテス以前・哲学者断片集　第Ⅴ分冊』第八十九章二三〇—二三八（岩波書店、一九九七年）がある。また、『ピュタゴラス派（の哲学）』の第一巻「ピュタゴラス伝」（De Vita Pythagorica Liber）については、佐藤義尚訳『ピュタゴラス伝』（叢書アレクサンドリア図書館Ⅳ、国文社、二〇〇〇年）がある。

あとがき

私がはじめて「プロトレプティコス」に気を引かれる思いをしたのは、田中美知太郎先生の講演をまとめた『学問論』（一九六九年）の中に示されていたその言葉によってである。思いかえせば、東京に戻って数年経っていた私は、たしか新宿の紀伊国屋書店のホールでのその講演会のたぶん初回に聴きに行っている。黒板に書かれたアウグスティヌスとホルテンシウスの文字が私の記憶に残っている。終わって先生に挨拶して帰ったことも思い出される。

この講演集を読んだ後、先生の『哲学初歩』（一九五〇年）を改めて取り出し、この書物が文字通り先生の「プロトレプティコス」であることを思い知った。ちょうどこの頃刊行された『田中美知太郎全集第五巻』（一九六五年）で、先生のこれまでの仕事の基盤の一つをなしてきたともいえる長大な未完の論文「プロトレプティコス」（初出一九三八・三九年）を気持ちを込めて初めて読んだ。明らかに先生はこの問題に青年期から晩年にいたるまで一貫して関心を抱きつづけられていた。

私は関心はもちつづけたものの、そのことに直接目を向けて取り組むことはしなかった、というより事柄の難しさも重く感じられて、手を出すことができなかったのである。しかしその後、九〇年代の初め頃、ストア派の義務論について探ねているうちに、ストア派に「徳（知・哲学）へのすすめを行う哲学の部門（praeceptiva pars philosophiae）」というものがあり、そこにみられるpraeceptaがギリシア語パライネシス（parainēsis）――プロトレプティコスの同義語――であることを知ってから、プロトレプティコスの意義にふたたび関心をもつようになっていた。

一般の人たちに向かって、哲学を学ぶことへの勧告・忠告を古代ギリシアの多くの哲学者たちが、それも有力な哲人たちが試み、そこに「プロトレプティコス」という文学ジャンルともいうべきものが堅く形成され、少なからぬ影響力をもったことは、古代哲学の一つの特質であるといえるだろう。アリストテレスの『哲学のすすめ』に刺戟されたキケロが『ホルテンシウス』を書き、それを読んだアウグスティヌスが決定的な影響を受けたことも広く知られている。

いわば隣りの教室（西洋古典学）の学生として教わっていた私には、田中先生とのつながりは、越後の笹団子を除りば、けっして濃いものではない。しかしこのたびこの訳書を出すにあたって、つねに先生のことが偲ばれ恩恵に与《あずか》っていることが実感された。あらためて心から感謝申し上げる。

また関係する重要文献の入手にあたって、多忙のなか、労を惜まず援助して下さった同学の若い友人和田利博氏にも深く感謝したい。

本訳書は、かって長らくお世話になり、すでに講談社学術文庫を定年退職されている相澤耕一氏が仲介の労をとって下さったことで、この度、刊行することができた。同氏のお力添えなくしては陽の目を見ることもなかったであろうと思い、心からお礼を申し上げる。

また本訳書を担当された学術文庫の稲吉稔氏にもその熱心な思いと誠実な取り組みに深く感謝したい。最後に、綿密に事をすすめて下さった講談社校閲部の諸氏にも、その労を感謝します。

二〇一一年一月

訳　者

KODANSHA

廣川洋一（ひろかわ　よういち）

1936年，新潟県生まれ。東京教育大学文学部卒業。京都大学大学院文学研究科博士課程修了。筑波大学名誉教授。著書に『ソクラテス以前の哲学者』（講談社学術文庫）『ヘシオドス研究序説』『プラトンの学園アカデメイア』『古代感情論』、訳書に『宗教から哲学へ』『ヘシオドス　神統記』など。2019年没。

講談社学術文庫

定価はカバーに表示してあります。

アリストテレス「哲学《てつがく》のすすめ」

廣川洋一《ひろかわよういち》 訳・解説

2011年3月10日　第1刷発行
2023年6月5日　第7刷発行

発行者　鈴木章一
発行所　株式会社講談社
東京都文京区音羽2-12-21 〒112-8001
電話　編集（03）5395-3512
販売（03）5395-4415
業務（03）5395-3615

装　幀　蟹江征治
印　刷　株式会社ＫＰＳプロダクツ
製　本　株式会社国宝社
本文データ制作　講談社デジタル製作

ISBN978-4-06-292035-3

#「講談社学術文庫」の刊行に当たって

これは、学術をポケットに入れることをモットーとして生まれた文庫である。学術は少年の心を養い、成年の心を満たす。その学術がポケットにはいる形で、万人のものになることは、生涯教育をうたう現代の理想である。

こうした考え方は、学術を巨大な城のように見る世間の常識に反するかもしれない。また、一部の人たちからは、学術の権威をおとすものと非難されるかもしれない。しかし、それはいずれも学術の新しい在り方を解しないものといわざるをえない。

学術は、まず魔術への挑戦から始まった。やがて、いわゆる常識をつぎつぎに改めていった。学術の権威は、幾百年、幾千年にわたる、苦しい戦いの成果である。こうしてきずきあげられた城が、一見して近づきがたいものにうつるのは、そのためである。しかし、学術の権威を、その形の上だけで判断してはならない。その生成のあとをかえりみれば、その根は常に人々の生活の中にあった。学術が大きな力たりうるのはそのためであって、生活をはなれた学術は、どこにもない。

開かれた社会といわれる現代にとって、これはまったく自明である。生活と学術との間に、もし距離があるとすれば、何をおいてもこれを埋めねばならない。もしこの距離が形の上の迷信からきているとすれば、その迷信をうち破らねばならぬ。

学術文庫は、内外の迷信を打破し、学術のために新しい天地をひらく意図をもって生まれた。文庫という小さい形と、学術という壮大な城とが、完全に両立するためには、なおいくらかの時を必要とするであろう。しかし、学術をポケットにした社会が、人間の生活にとってより豊かな社会であることは、たしかである。そうした社会の実現のために、文庫の世界に新しいジャンルを加えることができれば幸いである。

一九七六年六月

野間省一